Marian Pollmann

***

Das neue deutsche Pfandbriefrecht

Salzwasser
Verlag

www.salzwasserverlag.de/recht

Pollmann, Marian

Das neue deutsche Pfandbriefrecht

1. Auflage 2007 | ISBN: 978-3-86741-044-1

© CT Salzwasser-Verlag GmbH & Co. KG, 2007
(www.salzwasserverlag.de). Alle Rechte vorbehalten.

Herstellung: Hohnholt Reprografischer Betrieb GmbH
(www.hohnholt.com).

Die Deutsche Bibliothek verzeichnet diesen Titel in der Deutschen Nationalbibliografie. Bibliografische Daten sind unter
http://dnb.ddb.de verfügbar.

Bearbeitungsstand: Juli 2006

Inhaltsverzeichnis

Abbildungs- und Tabellenverzeichnis

Abkürzungsverzeichnis

ACSA	Asset Covered Securities Act
Abb.	Abbildung
ACS	Asset Covered Securities
AHBR	Allgemeine Hypothekenbank Rheinboden
BaFin	Bundesanstalt für Finanzdienstleistungsaufsicht
BGB	Bürgerliches Gesetzbuch
BMF	Bundesministerium der Finanzen
CH	Cédulas hipotecarias
CT	Cédulas territoriales
CRD	Capital Requirements Directive
DCI	Designated Credit Institutions
d.h.	das heißt
ECBC	European Covered Bond Council
EK	Eigenkapital
EU	Europäische Union
EWR	Europäischer Wirtschaftsraum
EZB	Europäische Zentralbank
FSA	Financial Services Authority
HBG	Hypothekenbankgesetz
InsO	Insolvenzordnung
InvG	Investmentgesetz
IRBA	auf internen Ratings basierender Ansatz
KfW	Kreditanstalt für Wiederaufbau
KSA	Kreditrisiko-Standardansatz
KWG	Kreditwesengesetz
LGD	loss given default (Verlustquote bei Ausfall)
MBS	Mortgage Backed Securities
OECD	Organisation für wirtschaftliche Zusammenarbeit und Entwicklung
OF	Obligation Fonciéres
ÖPG	Gesetz über die Pfandbriefe und verwandten Schuldver-schreibungen öffentlich-rechtlicher Kreditanstalten

PD	probability of default (Ausfallwahrscheinlichkeit)
PfandBG	Pfandbriefgesetz
REIB	Real Estate Investment Banking
s.	siehe
S & P	Standard & Poor´s
SCF	Sociétes de Crédit Foncier
SchBG	Schiffsbankgesetz
SolvV	Solvabilitätsverordnung
VAG	Versicherungsaufsichtsgesetz
VDH	Verband deutscher Hypothekenbanken
vdp	Verband deutscher Pfandbriefbanken (Nachfolger des VDH)
z.B.	zum Beispiel

1 Ist der „German Pfandbrief" in Gefahr?

„Seit Friedrich dem Großen ist noch kein Pfandbrief ausgefallen."[1] Die Sicherheit der Anlage ist weltweit das Argument für den Pfandbrief „made in Germany". Er genießt bei Investoren ein hohes Ansehen und hat sich innerhalb seiner 236-jährigen Geschichte zu einem Exportschlager des deutschen Finanzmarktes entwickelt. Dieser Erfolg ist das Ergebnis seiner klaren gesetzlichen Grundlage.

Der Wegfall von Anstaltslast und Gewährträgerhaftung für öffentlich-rechtliche Kreditinstitute veranlasste den Gesetzgeber, die bisherigen Rechtsgrundlagen für die Emission von Pfandbriefen, Hypothekenbankgesetz (HBG), Gesetz über die Pfandbriefe und verwandten Schuldverschreibungen öffentlich-rechtlicher Kreditanstalten (ÖPG) und Schiffsbankgesetz (SchBG), abzuschaffen und durch das neue Pfandbriefgesetz (PfandBG)[2], das am 19.07.2005 in Kraft trat, zu ersetzen.[3] Endet jetzt die erfolgreiche Ära des Pfandbriefs? Welche Änderungen bringt das neue Gesetz? Wie wirken sich diese auf die Marktteilnehmer aus?

Der Pfandbrief musste sich in seiner Entwicklung immer neuen Herausforderungen stellen. Die fortschreitende Europäisierung des Pfandbriefgedankens steigert den Wettbewerbsdruck für das deutsche Vorzeigeprodukt. Viele europäische Nachbarstaaten haben in den letzten Jahren Rechtsrahmen für pfandbriefähnliche Produkte geschaffen. Emittenten aus neuen Ländern drängen auf den Markt. Wird der Pfandbrief zukünftig seine Spitzenstellung im europäischen Wettbewerb behaupten können?

Der Krisenfall um die Allgemeine Hypothekenbank Rheinboden (AHBR) im Oktober 2005 hat das makellose Image des Pfandbriefs angekratzt. Keine Bank war mehr bereit, AHBR-Pfandbriefe von Anlegern anzukaufen.[4] Anlass genug für viele Marktteilnehmer,

---

[1] Johannsen, Kai: Systemtest für den Pfandbrief. In: Börsen-Zeitung vom 27.10.2005, S. 1.

[2] Gesetz zur Neuordnung des Pfandbriefrechtes vom 22. Mai 2005 (BGBl. 2005 I, S. 1373-1393).

[3] Vgl. Kullig, Sascha / Hagen, Louis: Pfandbrief bleibt Pfandbrief!? In: Zeitschrift für das gesamte Kreditwesen, Jg. 57, 2004, Ausgabe 20, S. 1137.

[4] Vgl. Ohne Verfasserin bzw. Verfasser: Systemtest für den Pfandbriefmarkt. In: Frankfurter Allgemeine Zeitung vom 27.10.2005, S.19.

kritisch zu hinterfragen. Ist der Pfandbrief wirklich so sicher, wie immer behauptet wird?[5]

Eine Reihe offener Fragen, die mit der folgenden Untersuchung aus aktueller Sicht beantwortet werden sollen.

---

[5] Vgl. Johannsen. Kai, 2005, S. 1.

2 Das Pfandbriefgeschäft – Kredit und Refinanzierung im Zusammenspiel

2.1 Pfandbrief

2.1.1 Begriffsdefinition

Pfandbriefe werden als festverzinsliche Schuldverschreibungen, die durch erworbene Hypotheken, erworbene Grundschulden oder erworbene Forderungen gegen staatliche Stellen gedeckt sind, in Form von Inhaber- oder Namenspapieren durch Kreditinstitute emittiert.[6] Die Emission erfolgt in Deutschland auf Grundlage des PfandBG, das besondere Anlegerschutzvorschriften beinhaltet. Es gibt drei Arten der traditionellen Pfandbriefe: Hypothekenpfandbriefe, Öffentliche Pfandbriefe und Schiffspfandbriefe. Die Unterscheidung beruht auf den zugrunde liegenden Sicherheiten. Zur Deckung von Hypothekenpfandbriefen werden Darlehen verwendet, die durch Hypotheken oder Grundschulden gesichert sind. Bei Öffentlichen Pfandbriefen liegen als Sicherheit Kredite an die öffentliche Hand - Bund, Länder und Kommunen - zugrunde. Schiffshypotheken bilden die Deckungsmasse bei Schiffspfandbriefen.[7] Pfandbriefe zeichnen sich durch Laufzeiten von meist vier bis zehn Jahren, Börsenhandel sowie eine Rückzahlung zu pari aus.[8] Jumbo-Pfandbriefe haben ein Emissionsvolumen von mindestens 1 Mrd. Euro und die Verpflichtung zum Market-Making, d.h. dass durch mindestens drei Konsortialbanken handelbare An- und Verkaufskurse gestellt werden.[9] Emittenten von Pfandbriefen bezeichnet man als Pfandbriefbanken.

---

[6] Vgl. Grill, Wolfgang / Perczynski, Hannelore: Wirtschaftslehre des Kreditwesen. 39. Auflage, Troisdorf 2005, S. 218.

[7] Vgl. BaFin: Jahresbericht 2004, S. 105.

[8] Vgl. Wurm, Gregor / Wolff, Karl / Ettmann, Bernd: Kompaktwissen Bankbetriebslehre. 9. überarbeitete Auflage, Köln 2001, S. 189.

[9] Vgl. Rödel, Erich: Die Hypothekenbanken auf dem Weg in das 21. Jahrhundert. In: Schuster, Leo / Widmer, Alex W. (Hrsg.): Wege aus der Banken und Börsenkrise. Berlin 2004, S. 109.

2.1.2 Refinanzierungsinstrument für das Kreditgeschäft

Langfristige Investitionen erfordern sowohl im Wohn- und Gewerbebau als auch bei Bauprojekten der öffentlichen Hand eine langfristige Finanzierung. Daher müssen sich die finanzierenden Banken ihrerseits langfristig bei verschiedenen Anlegergruppen refinanzieren.[10] Die Emission von Pfandbriefen dient dem Kreditinstitut auf der Passivseite der Bilanz zur Beschaffung langfristiger Mittel, um Forderungen an staatliche Stellen oder durch Hypotheken oder Grundschulden abgesicherte Kredite auf der Aktivseite der Bilanz günstig zu refinanzieren.[11] Damit wird im Unterschied zur Refinanzierung über Bankeinlagen oder den Geldmarkt eine bessere Fristenkongruenz erreicht.[12] Man bezeichnet Pfandbriefbanken daher als Transformatoren langfristigen Kapitals vom Anleger (Pfandbriefgläubiger) zum Investor (Kreditnehmer).[13] Das Grundprinzip des Pfandbriefs als Refinanzierungsinstrument wird in Abb. 1 veranschaulicht.

2.2 Entwicklungsgeschichte des Pfandbriefs in Deutschland

Der Pfandbrief war eine Innovation im Finanzbereich, die im 18. Jahrhundert in Preußen entstand[14] und dem Wiederaufbau der Landwirtschaft nach dem Siebenjährigen Krieg diente.[15] Durch eine Kabinettsorder Friedrich des Großen vom 29. August 1769 kam es

---

[10] Vgl. Rödl, Erich, 2004, S. 103.

[11] Vgl. Grill, Wolfgang / Perczynski, Hannelore, 2005, S. 218.

[12] Vgl. Engelhard, Fritz: Zunehmende Verbreitung der Pfandbrieftechnologie in Europa: Ursachen, Konsequenzen, Investmentimplikationen. In: Verband deutscher Hypothekenbanken (VDH) (Hrsg.): Der Pfandbrief. 9. Auflage, Berlin 2004, S.31.

[13] Vgl. Bellinger, Dieter: Das Pfandbrief- und Hypothekengeschäft in Europa. In: Rolfes, Bernd / Fischer, Thomas R. (Hrsg.): Handbuch der europäischen Finanzdienstleistungsindustrie, Frankfurt am Main 2001, S. 71.

[14] Vgl. Mössner, Karl-Eugen: Hypothekenbanken. In: Handwörterbuch der Sozialwissenschaften, 5. Band, Stuttgart 1956, S. 173-179.

[15] Vgl. Kellenbenz, Hermann: Von den Anfängen bis zum Ende des 18. Jahrhunderts. In: Wirtschaftsgeschichte, Band I, München 1977, S. 367.

zur Gründung sogenannter „Landschaften"[16], der Vorläufer der Hypothekenbanken.[17] Die Landschaften gaben sogenannte Güterpfandbriefe heraus, wobei den Pfandbriefgläubigern als Sicherheit das in dem Pfandbrief namentlich beschriebene Gut, die Landschaft als Emittent und alle in der Landschaft zusammengeschlossenen Grundbesitzer hafteten.[18] Damit sorgten die Pfandbriefe für die Vermittlung von Kapital zwischen den meist in den Städten angesiedelten Kapitaleigentümern und den kreditsuchenden ländlichen Grundbesitzern.[19] Im Jahre 1860 gründeten sich die ersten Hypothekenbanken, z.B. die Frankfurter Hypothekenbank, die sich die ausgereichten Darlehen hypothekarisch absichern ließen, um sich durch die Ausgabe von dinglich nicht gesicherten Pfandbriefen zu refinanzieren. So wurde der Pfandbrief zu einer Schuldverschreibung.[20] Seit 1900 beruht das Pfandbriefsystem auf dem Hypothekenbankgesetz[21]. Im Jahr 1927 wurde für die öffentlich-rechtlichen Kreditinstitute die Rechtsgrundlage für die Emission von Pfandbriefen erlassen: das Gesetz über die Pfandbriefe und verwandten Schuldverschreibungen öffentlich-rechtlicher Kreditanstalten (ÖPG).[22]/[23] Das Schiffsbankgesetz (SchBG)[24] regelt seit 1933 die Emission von Schiffspfandbriefen.

Vor allem Besitzer von Kapitaleinkommen vertrauten auf die Wertstabilität der Pfandbriefe, die sich besonders in der Weltwirtschaftskrise zeigte. In den 1950er und 1960er Jahren führte der Wie-

---

[16] Vgl. Hagedorn, Fred: Die Landschaften. Eine rechtsgeschichtliche Darstellung der preußischen Agrarkreditinstitute. Freiburg 1978.

[17] Vgl. Schulte, Fritz: Bodenkreditinstitute. In: Handwörterbuch der Staatswissenschaften, 4. gänzlich umgearbeitete Auflage, Jena 1923-1929, 6. Band, S. 954 – 959.

[18] Vgl. Bellinger, Dieter, 2001, S. 72.

[19] Vgl. Born, Karl Erich: Geld und Banken im 19. und 20. Jahrhundert. Stuttgart 1976, S. 190.

[20] Vgl. Walter, Rolf: Der Pfandbrief und seine Bedeutung in historischer Perspektive. In: Bankhistorisches Archiv: Pfandbrief und Kapitalmarkt, Frankfurt am Main 2000, S. 14.

[21] Reichseinheitliches Hypothekenbankgesetz vom 13. Juli 1899 mit Wirkung vom 1. Januar 1900.

[22] Vgl. Rödl, Erich, 2004, S. 116.

[23] Gesetz über die Pfandbriefe und verwandten Schuldverschreibungen öffentlich-rechtlicher Kreditanstalten vom 21. Dezember 1927 (BGBl. I 2772-2775, 200 I 440).

[24] Gesetz über Schiffspfandbriefbanken vom 14. August 1933 (BGBl. III 7628-2).

deraufbau der Städte zu einer steigenden Emission von Pfandbriefen.[25] Bis Ende der 80er-Jahre führte der Pfandbrief die Emissions- und Umlaufstatistiken der inländischen Rentenwerte an.[26] Durch die Ausbreitung von Zinsswaps, die jedem Kreditinstitut ermöglichen, seinen Kunden Darlehen mit langfristiger Zinsbindung - zuvor die Domäne der Pfandbriefbanken - anzubieten, geriet die unangefochtene Stellung des Pfandbriefs zu Beginn der 90er-Jahre in Gefahr. Die geringe Liquidität im Pfandbriefmarkt im Vergleich mit dem Markt für Bundesschuldverschreibungen war nicht attraktiv für aktiv handelnde, internationale Investoren und wirkte sich negativ auf die Pfandbriefrenditen aus. Mit der Einführung des Jumbo-Pfandbriefes und der Verpflichtung zum Market-Making im Jahre 1995 gelang jedoch der Sprung auf den internationalen Kapitalmarkt.[27]

Ende 2005 nahm der Pfandbrief mit einem Umlaufvolumen von knapp 1.000 Mrd. € einen Spitzenplatz am deutschen Anleihemarkt ein (s. Abb. 2). Damit ist der Pfandbrief außerhalb der Anleihen der öffentlichen Hand mit Abstand das größte Segment und trägt maßgeblich zur Deckung des langfristigen Finanzierungsbedarfs der öffentlichen Haushalte und der Immobilienwirtschaft bei. Den größten Anteil daran hat der Öffentliche Pfandbrief, auf den per 31.12.2005 735 Mrd. € oder 75 % des Pfandbriefumlaufs entfallen. Hypothekenpfandbriefe stellen mit 241 Mrd. € ein Viertel des Pfandbriefmarktes dar. Hierbei notieren Hypothekenpfandbriefe je nach Laufzeit zwei bis drei Basispunkte höher als Öffentliche Pfandbriefe.[28] Mit dem Gesetz zur Neuordnung des Pfandbriefrechts wurde eine einheitliche Rechtsgrundlage für das Pfandbriefgeschäft in Deutschland geschaffen (s. Abb. 3).

---

[25] Vgl. Walter, Rolf, 2000, S 22.
[26] Vgl. Rödl, Erich, 2004, S. 108.
[27] Vgl. Munsberg, Friedrich: Zehn Jahre Jumbo-Pfandbrief - Wie alles begann. In: vdp (Hrsg.): Der Pfandbrief. 10. Auflage, Berlin 2005, S. 29-35.
[28] Vgl. vdp: Jahresbericht 2005, S. 7-10.

2.3 Regulationsgeschichte bis zum neuen Pfandbriefgesetz

2.3.1 Hypothekenbankgesetz (HBG)

Primäres Ziel des Hypothekenbankgesetzes (HBG) war ein hoher Sicherheitsstandard der zur Refinanzierung emittierten Pfandbriefe.[29] Hierfür enthielt das HBG ein dichtes Sicherheitsnetz zugunsten der Pfandbriefgläubiger.[30] Ein Eckstein war das Spezialbankprinzip. Durch § 1 HBG wurde die Geschäftätigkeit der Hypothekenbanken auf die risikoarmen Geschäftsfelder Staatskredite und Immobilienfinanzierungen beschränkt. Durch das Spezialbankprinzip hatten Hypothekenbanken im Vergleich zu universell tätigen Kreditinstituten ein niedriges Risikoprofil.[31] Zudem schaffte es für den Pfandbriefanleger, den Darlehensnehmer und die Bankenaufsicht ein hohes Maß an Transparenz.[32] Neben den in § 1 HBG genannten Geschäften durften Hypothekenbanken gemäß § 5 HBG nur bestimmte, wenig risikobehaftete Geschäfte betreiben.[33] Neben den „reinen" Hypothekenbanken, die dem Spezialbankprinzip unterlagen, existierten noch „gemischte" Hypothekenbanken, die bereits vor dem Erlass des HBG Bankgeschäfte verschiedener Art betrieben hatten und nicht an das Spezialbankprinzip gebunden waren.

Das Deckungs- oder Kongruenzprinzip der § 6 Abs. 1 S. 2 und § 41 S.1 HBG sah vor, dass die im Umlauf befindlichen Pfandbriefe jederzeit mindestens in der Höhe des Nennwertes durch erstrangige Hypothekendarlehen, die Öffentlichen Pfandbriefe durch Staatskredite gedeckt sein müssen (ordentliche Deckung). Hierbei steht nicht jede einzelne Hypothekenforderung mit dem ausgegebenen Pfandbrief, sondern der Gesamtbetrag der Hypothekenkredite dem Gesamtbetrag der Hypothekenpfandbriefe gegenüber. Die Deckungsmasse ist ein dynamisches Gebilde mit unbegrenzter Lebensdauer, in die immer wieder neue, zugelassene Darlehen aufgenommen und

---

[29] Vgl. Rödel, Erich, 2004, S. 104.

[30] Vgl. Arendt, Franz-Josef / Tolckmitt, Jens: Der Pfandbrief - Aktuelle Entwicklungen und rechtliche Grundlagen. In: vdp (Hrsg.): Der Pfandbrief, 2001, S.19.

[31] Vgl. Vgl. Arendt, Franz-Josef / Tolckmitt, Jens, 2001, S. 22.

[32] Vgl. Bellinger, Dieter, 2001, S.73.

[33] Vgl. Wurm, Gregor / Wolff, Karl / Ettmann. Bernd, 2000, S. 190.

aus der getilgte Darlehen entnommen werden. Durch die verschiedenen Darlehen in der Deckungsmasse findet ein Risikoausgleich statt.[34] Das Vorhandensein eines ausreichend hohen Überschusses der Zinserträge des Deckungsbestandes über die Zinsaufwendungen für den Pfandbriefumlauf wurde durch eine nominelle Zinsdeckungsrechnung überwacht.[35]

Die zur Besicherung dienenden Aktiva für beide Pfandbriefarten, Hypothekenpfandbriefe und Öffentliche Pfandbriefe, müssen in getrennten Deckungsmassen zusammengefasst werden. Reichen die vorgesehenen Aktiva nicht aus, so kann bis zur Höhe von zehn Prozent des gesamten Pfandbriefumlaufs eine Ersatzdeckung vorgenommen werden (§ 6 Abs. 4; § 41 S.2 HBG). Als Ersatzdeckungswerte erkannte das HBG nach § 6 Abs. 4 S. 1 und 2 in Verbindung mit § 5 Abs. 3 Nr. 3 b und c nur Schuldverschreibungen erstklassiger Bonität an. In das Deckungsregister werden die zu Deckung verwendeten Vermögenswerte einzeln eingetragen, um eine eindeutige Identifikation zu ermöglichen (§ 22 Abs. 1 S.1 HBG). Als zusätzliche Sicherungsinstrumente waren die Hypothekenbanken verpflichtet, der zuständigen Aufsichtsbehörde (BaFin), deren besonderen Aufsicht sie unterliegen (§ 3 HBG), regelmäßig den aktuellen Stand der Deckungsregister mitzuteilen. Sie mussten zusätzlich Deckungsprüfungen durch die BaFin zulassen.[36]

Der § 30 HBG schrieb vor, dass ein vom BaFin bestellter, unabhängiger Treuhänder die Einhaltung der Deckungsvorschriften durch die Hypothekenbank kontrolliert.[37] Der Treuhänder gewährleistet die betragsmäßige Übereinstimmung von Deckung und Pfandbriefumlauf. Desweiteren wurde das Volumen der umlaufenden Hypotheken- und Öffentlichen Pfandbriefe bei reinen Hypothekenbanken gemäß § 7 Abs. 1 HBG auf das 60-fache (48-fache bei gemischten Hypothekenbanken) des haftenden Eigenkapitals beschränkt (Umlaufgrenze).

Bis zu der Novelle des HBG im Jahre 2002 war das Kreditgeschäft mit öffentlich-rechtlichen Kreditnehmern nur in den Mitgliedsstaaten des Europäischen Wirtschaftsraumes (EWR) zulässig

---

[34] Vgl. Arendt, Franz-Josef / Tolckmitt, Jens, 2001, S.18-23.

[35] Vgl. Decker, Franz: Neue gesetzliche Anforderungen an das Pfandbriefgeschäft. In: Die Bank, 2005. Ausgabe 11, Beilage: Der Pfandbrief, S. 4.

[36] Vgl. Arendt, Franz-Josef / Tolckmitt, Jens, 2001, S.22-23.

[37] Vgl. Wurm, Gregor / Wolff, Karl / Ettmann. Bernd, 2000, S. 190.

(§ 5 Abs. 1 S. 1 HBG). Hypothekarkredite konnten außer in den genannten Staaten auch in die Schweiz vergeben werden. Hypothekarkredite in Polen, Tschechien, Ungarn und der Slowakei durften nicht durch Pfandbriefe refinanziert werden und waren auf die Höhe des Eigenkapitals begrenzt (Außerdeckungsgeschäft).[38] Im Konkursfall einer Hypothekenbank dient das jeweilige Vermögen in der Deckungsmasse, das den gesetzlichen Status eines Sondervermögens hat, ausschließlich der Erfüllung der Ansprüche der Pfandbriefgläubiger nach § 35 Abs. 1 HBG (Insolvenzvorrecht).[39] Die Pfandbriefgläubiger werden voll aus der gesunden Deckungsmasse bedient und nehmen nicht am Insolvenzverfahren teil. Nach § 11, § 12 HBG darf die Beleihung 60% des sorgfältig ermittelten Grundstückswertes (Beleihungswert) nicht übersteigen (Beleihungsgrenze). Im Ergebnis führt dies zu einer Begrenzung des erstrangig abgesicherten Hypothekendarlehens auf etwa 50% des Marktwertes der Immobilie, was zum Schutz der Pfandbriefgläubiger genug Sicherheitspolster bei stärkeren Wertminderungen am Immobilienmarkt darstellt. Beleihungen über der Beleihungsgrenze von 60% dürfen nicht durch Pfandbriefe, sondern nur durch ungedeckte Schuldverschreibungen refinanziert werden, die nach § 5 Abs. 1 Nr. 2 HBG auf insgesamt 20% des Hypothekenbestandes einer Bank beschränkt sind (Nachranggrenze).[40] Bis zum in Kraft treten des neuen Pfandbriefgesetzes unterlagen siebzehn reine und drei gemischte Hypothekenbanken dem HBG.[41]

2.3.2 Gesetz über die Pfandbriefe und verwandten Schuldverschreibungen öffentlich-rechtlicher Kreditanstalten (ÖPG) und Schiffbankgesetz (SchBG)

Im Gegensatz zum HBG beruhte der Sicherheitsmechanismus des Gesetzes über die Pfandbriefe und verwandten Schuldverschreibungen öffentlich-rechtlicher Kreditanstalten (ÖPG) haupt-

---

[38] Vgl. Arendt, Franz-Josef / Tolckmitt, Jens, 2001, S. 24.

[39] Vgl. Wurm, Gregor / Wolff, Karl / Ettmann. Bernd, 2000, S. 190.

[40] Vgl. Arendt, Franz-Josef / Tolckmitt, Jens, 2001, S.28.

[41] Vgl. Burmeister, Ralf / Burkert, Uwe: Die Emittentenlandschaft unter der Ägide des Pfandbriefgesetzes. In: vdp (Hrsg.): Der Pfandbrief. 10. Auflage, Berlin 2005, S. 20-28.

sächlich auf der Gewährträgerhaftung und der Anstaltslast. Bis zum 18. Juli 2005 hafteten die Träger, bei Sparkassen die Kommunen und bei Landesbanken die Bundesländer, für die Verbindlichkeiten ihrer Kreditinstitute. Somit ersetzte im ÖPG die Staatshaftung das feinmaschige Sicherheitsnetz, das das HBG zugunsten der Pfandbriefgläubiger vorsah. Infolgedessen gibt es im ÖPG kein Spezialbankprinzip, sodass die öffentlich-rechtlichen Pfandbriefemittenten nahezu alle Bankgeschäfte betreiben konnten.[42] Bis zur Novelle des HBG und ÖPG im Jahr 2004 und Einführung des § 11 a ÖPG übte die BaFin keine besondere Aufsicht aus, sodass auch keine regelmäßigen Deckungsprüfungen durchgeführt wurden. Das ÖPG enthielt keine Umlaufgrenze, keine Vorschriften über einen Treuhänder, keinen Beleihungswert und keine 60%ige Beleihungsgrenze. Nur das Deckungsprinzip in § 2 Abs. 1 S. 1 ÖPG, die Vorschrift zur Eintragung der Vermögenswerte in ein Hypothekenregister in § 3 ÖPG und das Insolvenzvorrecht in § 6 Abs. 1 ÖPG waren identisch mit den Vorschriften des HBG. Die Ersatzdeckung im ÖPG kann zur Erfüllung öffentlicher Aufgaben bis auf 20% des gesamten Pfandbriefumlaufs ausgeweitet werden (§ 2 Abs. 4 ÖPG). Bis zum neuen Pfandbriefgesetz unterlagen neun Landesbanken, die Deka[43], achtzehn Sparkassen sowie drei Förderanstalten, wie z.B. die KfW[44], dem ÖPG.[45]

Das Schiffsbankgesetz lehnte sich eng an die Vorschriften des HBG an. So sah das Schiffsbankgesetz ebenfalls das Deckungsprinzip (§ 6 Abs. 1 S. 1 SchBG), eine Beleihungsgrenze (§ 10 Abs. 2 S.1 SchBG), ein Deckungsregister (§ 20 SchBG) und einen Treuhänder (§ 28, 29 SchBG) vor. Die Umlaufgrenze der Schiffspfandbriefe war nach § 7 Abs. 1 S.1 SchBG auf den dreißigfachen Betrag des eingezahlten Grundkapitals und der Rücklagen beschränkt. Beliehen werden, durften nur Schiffe oder Schiffsbauwerke (§ 10 Abs. 1 SchBG), die in einem öffentlichen Register eingetragen worden sind.[46] Nur

---

[42] Vgl. Arendt, Franz-Josef / Tolckmitt, Jens, 2001, S.19-22.
[43] Zentralinstitut der deutschen Sparkassenorganisation.
[44] Kreditanstalt für Wiederaufbau.
[45] Vgl. Burmeister, Ralf / Burkert, Uwe, 2005, S. 20-28.
[46] Siehe SchBG.

zwei Institute besaßen vor dem neuen Pfandbriefgesetz die Erlaubnis zur Emission von Schiffspfandbriefen.[47]

2.3.3 Änderungen des HGB und ÖPG im Rahmen des 4. Finanzmarktförderungsgesetzes im Jahre 2002

Der Gesetzgeber verfolgte mit dieser Novelle das Ziel, die Geschäftstätigkeit der Hypothekenbanken an die Herausforderungen des Wettbewerbs anzupassen und den Benchmarkstatus des deutschen Pfandbriefs zu erhalten. Die HBG-Novelle eröffnete den Hypothekenbanken die Möglichkeit, im Kreditgeschäft für Immobilienfinanzierungen in den USA, Kanada und Japan tätig zu werden (§ 5 Abs.1 Nr. 1a) HBG). Dieses war allerdings nur im Rahmen des Außerdeckungsgeschäftes erlaubt und auf das Fünffache des haftenden Eigenkapitals, im Falle von Japan auf das Dreifache, begrenzt (§ 5 Abs.1 Nr. 2b HBG). Im Staatskreditgeschäft konnten nun Kredite an die Zentralstaaten und deren nachgeordnete Gebietskörperschaften in den USA, Kanada und Japan, der Schweiz und weiterer europäischer Mitglieder der OECD[48] ausgeliehen werden (§ 5 Abs. 1 Nr. 1 b und c HBG). Alle Kredite sind im Rahmen des Deckungsgeschäftes zur Refinanzierung durch Öffentliche Pfandbriefe zugelassen. Die regionale Ausweitung des Geschäftsgebietes ermöglichte den Hypothekenbanken eine bessere Risikodiversifizierung des Kreditportfolios.

Weiterhin erlaubte die HBG-Novelle erstmals den Einsatz von Derivaten nach § 5 Abs.1 Nr. 4a HBG, die im Einklang mit den Hauptgeschäften einer Hypothekenbank stehen, nicht jedoch offene Stillhalterpositionen. Dadurch können die Deckungsmassen wirksam gegen Zins- und Währungsschwankungen immunisiert werden. Ebenfalls zulässig war durch die HBG-Novelle die Indeckungnahme von Derivaten nach § 6 Abs. 6 S.1 als ordentliche Deckung, die jedoch aktivseitig auf 12% der jeweiligen Deckungsmasse und passivseitig auf 12% der jeweils umlaufenden Pfandbriefe begrenzt wurde (§ 6 Abs. 6 S.3 HBG). Die Indeckungnahme von Derivaten machte es zwingend erforderlich, dass das Nominalprinzip

---

[47] Vgl. Sommer. Ralf: Der Schiffspfandbrief als neue Asset-Klasse. In: Die Bank, 2005, Nr. 11, Beilage: Der Pfandbrief, S. 16-17.

[48] Organisation für wirtschaftliche Zusammenarbeit und Entwicklung.

der Pfandbriefdeckung durch eine barwertige Deckungsrechnung ergänzt wurde (§ 6 Abs.1 S.2 HBG).[49] Bereits 2001 hatten sich Bankenaufsicht und Hypothekenbanken zur Messung und Begrenzung der Marktrisiken auf ein sogenanntes Ampelmodell verständigt, in dem eingegangene Zinsänderungsrisiken in Beziehung zum haftenden Eigenkapital gesetzt wurden.[50] Abschließend wurde mit der HBG-Novelle die Geschäftstätigkeit der Hypothekenbanken um das Beratungsgeschäft wie z.B. Vermögens- und Finanzierungsberatung, Wertermittlungen und Immobilienmaklertätigkeiten (s. § 5 Abs. 1 Nr. 5a-c) erweitert, um ihnen die Generierung eigenkapitalschonender Provisionserträge zu ermöglichen.[51] Die novellierten Bestimmungen wurden auch in das ÖPG aufgenommen.

2.3.4 Novelle des HBG, ÖPG und SchBG im Jahre 2004

Durch die Novelle des HBG und ÖPG im Jahre 2004 wurde das Insolvenzvorrecht der Pfandbriefgläubiger klar und praxisorientiert geregelt. Hierbei gingen die insolvenzrechtlichen Bestimmungen deutlich über die Regelungen anderer europäischer Covered-Bond-Gesetze hinaus. Neu eingeführt wurde eine sichernde Überdeckung. Diese beträgt zwei Prozent der Deckungsmasse und ist in ersatzdeckungsfähigen Werten anzulegen (§ 6 Abs. 1 S. 2 und 3 HBG). Die sichernde Überdeckung schützt die Deckungsmasse gegen Liquiditätsrisiken und –engpässe und deckt die Verwaltungskosten des Sondervermögens im Falle einer Insolvenz der Hypothekenbank. Eindeutig wurde durch die Novelle klargestellt, dass sowohl die ordentliche Deckung und Ersatzdeckung als auch die Überdeckung insolvenzfest sind. Durch die Einführung eines Sachwalters für die Deckungsmasse in das HBG wurde die Rechtsunsicherheit beseitigt, wer im Insolvenzfall das Sondervermögen verwaltet, wer die Kosten trägt und wie die Abwicklung der beiden getrennten Sondervermögen erfolgt (§ 35 Abs.2 HBG).[52] Die sichernde Überdeckung

---

[49] Vgl. Hagen, Louis: Die Novelle des Hypothekenbankgesetzes. In: VDH (Hrsg.): Der Pfandbrief. 7. Auflage, Berlin 2002, S. 32-38.

[50] Vgl. Timmermann, Boy Heinrich: Hypothekenpfandbriefbarwertverordnung. In: VDH (Hrsg.): Der Pfandbrief. 9. Auflage, Berlin 2004, S. 52-64.

[51] Vgl. Hagen, Louis, 2002, S. 32-38.

[52] Vgl. VDH: Jahresbericht 2003, S. 46-52.

und der Sachwalter wurden ebenfalls in das ÖPG und SchBG aufgenommen.

2.4 Akteure des Pfandbriefmarktes

2.4.1 Pfandbriefbanken und ihre Geschäftsfelder

Die Pfandbriefbanken unterliegen als Kreditinstitut dem Kre-
ditwesengesetz (KWG) und sind bei ihrer Geschäftstätigkeit an die
Vorschriften des PfandBG gebunden.[53] Ende 2005 insgesamt 64 Institute das Recht zur Pfandbriefemission.[54]

Durch die unterschiedlichen Rechtsgrundlagen des alten
Pfandbriefrechts setzen sie sich aus drei Gruppen zusammen. Bei
den ehemaligen Hypothekenbanken reichen die Geschäftsstrategien
im Pfandbriefgeschäft vom Nischenanbieter, wie z.B. spezialisierte
Immobilien- und Staatsfinanzierer, bis zum globalen Kapital-
marktauftritt. Sie verfügen über kein eigenes Zweigstellennetz und
sind entweder Teil eines Finanzverbundes, kooperieren mit einer
Geschäftsbank oder suchen über ihren Außendienst den direkten
Zugang zum Endkunden.[55] Die spezialisierten Schiffsbanken unter-
lagen früher dem SchBG. Die öffentlich-rechtlichen Institute wie
Landesbanken, Sparkassen und Förderanstalten komplettieren die
Gruppe der Pfandbriefbanken, sind aber nicht nur auf das Pfand-
briefgeschäft spezialisiert. Im Jahr 2005 hatten die im Verband der
Pfandbriefbanken (vdp) zusammengeschlossenen Institute mit 224
Mrd. € einen Marktanteil von 21 % an inländischen Wohnungskre-
diten, mit 106 Mrd. € einen Marktanteil von 41% an inländischen
Gewerbekrediten sowie mit 428 Mrd. € einen Marktanteil von 41%
an inländischen Staatskrediten.[56] Bei den Pfandbriefbanken steht das
Passivgeschäft, die Emission von Pfandbriefen an den Kapitalmarkt,

---

[53] Vgl. Behr, Patrick / Güttler, André / Kiehlborn, Thomas: Der deutsche Hy-
      pothekenmarkt: Ergebnisse einer empirischen Untersuchung, Working Pa-
      per Series No. 113 der Johann Wolfgang Goethe-Universität, Frankfurt am
      Main 2003, S.4.
[54] Vgl. BaFin: Jahresbericht 2005, S. 112.
[55] Vgl. Rödl, Erich, 2004, S. 111.
[56] Vgl. vdp: Jahresbericht 2005, S. 23-28.

in unmittelbarem Zusammenhang mit dem gesamten Aktivgeschäft. Die Aufnahme von Fremdmitteln folgt kontinuierlich dem Bedarf des Darlehensgeschäfts. Umgekehrt richtet sich die Gestaltung des Aktivgeschäfts nach der am Kapitalmarkt vorgegebenen Refinanzierungsbedingungen. Die Refinanzierungskosten der langfristig ausgeliehenen Darlehen sind ein entscheidender Wettbewerbsfaktor und abhängig vom Rating des Pfandbriefs.[57]

Das Wettbewerbsumfeld bei den ehemaligen Hypothekenbanken war in den letzten Jahren geprägt durch rückläufige Profitabilität aufgrund sinkender Zinsmargen, Ratingherabstufungen und hohem Konsolidierungsdruck innerhalb der Branche.[58] Die Ertragspotenziale im Pfandbriefgeschäft sind abhängig vom Geschäftsfeld. In den Geschäftsfeldern Privatkunden- und Staatskreditgeschäft sind die Zinsmargen traditionell niedrig.[59] Mögliche Ertragssteigerungen über wachsende Volumina sind trotz steigender staatlicher Verschuldung begrenzt, da der Staat zunehmend verbriefte Verbindlichkeiten begibt und weniger auf klassische Bankkredite zurückgreift. Zudem drückten steigende Risikovorsorgeaufwendungen auf die operativen Erträge der deutschen Pfandbriefbanken. Einzelne Institute unterzogen sich umfangreichen Programmen zur Bereinigung der Kreditportfolios von „Altlasten" (Aareal Bank)[60] oder wanderten ins Ausland ab (DEPFA Bank)[61].[62] Am attraktivsten sind die Zinsmargen bei individuellen, gewerblichen Immobilienfinanzierungen im Ausland, sodass sich viele Institute auf den Ausbau des Firmenkundengeschäfts fokussieren. Außerdem haben in den letzten Jahren, begünstigt durch Änderungen im regulatorischen Umfeld, einige Institute ihre Geschäftsaktivitäten um den provisionsbringenden Bereich des Real Estate Investment Banking (REIB) ergänzt, worunter man spezifische Beratungsleistungen wie Stand-

---

[57] Vgl. Rödl, Erich, 2004, S. 111.

[58] Vgl. Behr, Patrick / Güttler, André / Kiehlborn, Thomas, 2003, S.3.

[59] Vgl. Linn, Norbert/ Behr, Patrick/ Güttler, Andre / Kiehlborn, Thomas: Hypothekenbanken: Die Zukunft liegt im Firmenkundengeschäft. In: Die Bank, Nr. 8, 2003, S. 520.

[60] Vgl. Lebert, Rolf: Neue Eigner krempeln die Branche um. In: Financial Times Deutschland vom 03.01.2006, S.18.

[61] Vgl. List, Thomas: Pfandbriefbanken unter Druck. In: Börsen-Zeitung vom 26.11.2005, S.8.

[62] Vgl. Deutsche Bundesbank: Finanzintermediäre in Deutschland. In: Monatsbericht Oktober 2004, S.55.

ortanalysen, Management von Immobilienfonds oder Unterstützung bei Verbriefungen subsumiert.[63]

2.4.2 Investoren und ihre Motive

Für Investoren gehört der Pfandbrief neben den Staatsanleihen zu den wichtigsten Anlageprodukten des Rentenmarktes. Die eindeutigen gesetzlichen Rahmenbedingungen und insbesondere die Deckungsvorschriften minimieren das Bonitätsrisiko. Aufgrund seiner besonderen Sicherheit wird der Pfandbrief als mündelsicher (§ 1807 BGB) und deckungsstockfähig (§ 54a VAG) anerkannt.[64] Für institutionelle Investoren sind vor allem die drei Erfolgsfaktoren des Pfandbriefs von Bedeutung: eine erstklassige Bonität, die vorhandene Liquidität aufgrund der Verpflichtung zum Market-Making im Jumbo-Segment und die Markttiefe.[65] Bei sehr niedrigem Risiko weisen die in der Regel mit einem AAA/Aaa-Rating ausgestatteten Pfandbriefe attraktive Renditen auf. Trotz des quasi nicht vorhandenen Ausfallrisikos müssen Pfandbriefemittenten einen Risikoaufschlag gegenüber Staatsanleihen zahlen (s. Abb. 4). In Deutschland profitiert der Pfandbrief vor allem von der historisch gewachsenen, hohen Bindung an dieses Anlageprodukt und einer breiten Kundenbasis.[66]

Banken sind die Hauptinvestoren im Markt für gedeckte Schuldverschreibungen in Europa - den Covered-Bonds (s. Abb. 5). Hier wirkt sich die zukünftige, privilegierte Risikogewichtung von Covered-Bonds gegenüber regulären Banktiteln gemäß der EU-Kapitaladäquanz-Richtlinie[67] aus. Desweiteren fallen diese Covered-Bonds nicht unter die Beschränkungen für Großkredite (siehe EU-Großkreditrichtlinie bzw. § 20 Abs. 3 Nr. 3 KWG) und werden als

---

[63] Vgl. Linn, Norbert/ Behr, Patrick/ Güttler, Andre / Kiehlborn, Thomas, 2003, S.522.

[64] Vgl. Grill, Wolfgang / Perczynski, Hannelore, 2005, S. 212.

[65] Vgl. Selim, Omar / Engelhard: Bleibt die Pfandbrieftechnologie auf der Überholspur. In: Börsen-Zeitung vom 19.07.2005, Verlagsbeilage, B5.

[66] Vgl. Packmohr, Ted: Wer kauft Pfandbriefe? Zur Investorenstruktur am Covered-Bond-Markt. In: vdp (Hrsg.): Der Pfandbrief, 2005, S. 43.

[67] Vgl. Neufassung der Richtlinie 93/6/EWG über die angemessene Eigenkapitalausstattung von Wertpapierfirmen und Kreditinstituten.

Kategorie 1-Sicherheit für Refinanzierungsgeschäfte mit der EZB anerkannt. Ein Beleg für die zunehmende Internationalisierung der Investoren ist die steigende Aktivität von ausländischen Zentralbanken im Covered-Bond-Segment. Für Investmentfonds sind Covered Bonds bevorzugte Anlageinstrumente, da sie bei Einhalten der Anforderungen der OGAW-Richtlinie[68] ihr Engagement in einzelne Emittenten auf bis zu 25% des Sondervermögens ausweiten dürfen, gegenüber den sonst gültigen Beschränkungssätzen von 5% bzw. 10% (§ 60 InvG).[69] Der Artikel 22 Abs. 4 der OGAW-Richtlinie definiert hierbei auf europäischer Ebene erstmals Mindeststandards für gedeckte Schuldverschreibungen und ist mittlerweile auch Anknüpfungspunkt für die europäischen Eigenkapitalregeln.[70]

2.4.3 Ratingagenturen und ihre Ratingansätze

Zu den Teilnahmebedingungen des internationalen Anleihemarktes gehört das Rating, um die Informationskosten für Investoren zu vermindern.[71] Mit der Verbreiterung der Emittentenlandschaft auf Basis unterschiedlicher Gesetzesgrundlagen ist die Bedeutung des Ratings immer weiter gestiegen. Jumbo-Emittenten statten ihre Pfandbriefe mit einem, zwei oder drei Ratings der etablierten Agenturen Fitch Ratings, Moody´s Investors Service oder Standard & Poor´s (S&P) aus und erfüllen damit auch die Anlagerichtlinien zahlreicher institutioneller Investoren.[72] Die Ratingeinstufung macht verschiedene Covered-Bondprodukte vergleichbar. Für die Emittenten bestimmt das Rating maßgeblich die Refinanzierungskosten.

Parallel zu den Novellen im regulatorischen Umfeld des Pfandbriefs haben sich in den letzten Jahren die Ratingansätze der einzel-

---

[68] Richtlinie 2001/108/EG vom 21. Januar 2002 zur Änderung der Richtlinie 85/611/EWG zur Koordinierung der Rechts- und Verwaltungsvorschriften betreffend bestimmte Organismen für gemeinsame Anlagen in Wertpapieren (OGAW) hinsichtlich der Anlagen in OGAW.

[69] Vgl. Packmohr, Ted, 2005, S. 51.

[70] Vgl. Marburger, Christian: Die künftige Eigenkapitalgewichtung von Pfandbriefen in Europa. In: vdp (Hrsg.): Der Pfandbrief 2004, Berlin 2005, S.20

[71] Vgl. Rödl, Erich, 2004, S. 10.

[72] Vgl. Schörnig, Christof M : Pfandbriefe durch Jumbo noch populärer. In: Börsenzeitung vom 25.02.2006, Sonderbeilage, B6.

nen Agenturen weiterentwickelt. So basierte der Ratingansatz von Moody´s im Jahr 2003 noch wesentlich auf dem Emittenten-Rating. Durch das „Notching up" konnten Öffentliche Pfandbriefe bis zu fünf Stufen und Hypothekenpfandbriefe bis zu vier Stufen höher geraten sein als das unbesicherte Langfristrating des Emittenten.[73] In den neuen, modifizierten Ratingansätzen rückt jetzt zunehmend die Qualität der Deckungsmasse in den Vordergrund. Das Rating der Pfandbriefemission wird vom Rating des Emittenten entkoppelt. So nähert sich Moody´s in seinem Ratingansatz den anderen beiden Ratingagenturen und untersucht hinsichtlich des Werts des Deckungsstocks die Kreditqualität der Sicherheiten in der Deckungsmasse, bestehende Refinanzierungsrisiken, die sich bei einem Ausfall des Emittenten aus der Notwendigkeit der Mittelaufnahme zur Finanzierung des Deckungsstocks ergeben sowie Zins- und Wechselkursrisiken.[74]

Fitch Ratings analysiert, ob die Deckungsstöcke und die Pfandbriefe die Insolvenz der Bank überleben können. Hierbei wird in Zukunft weniger Wert auf den „System Support", d.h. die gegenseitige Unterstützung der Pfandbriefbanken untereinander, gelegt. Die Analyse richtet sich stärker auf die Absicherung der Pfandbriefgläubiger im Falle der Insolvenz des Emittenten, die Qualität der Deckungsstöcke, die Kongruenz der Cash-Flows zwischen Deckungsstöcken und Pfandbriefen, die Auswirkungen detaillierter Stresstests und auf operationelle Aspekte der Deckungsstockverwaltung.[75]

Der analytische Ansatz von S&P zur Bewertung von Hypotheken- und Öffentlichen Pfandbriefen stützt sich auf die regelmäßige Analyse der Deckungsstöcke und der Angemessenheit der verfügbaren Cash-Flows im Vergleich zu den dagegen emittierten Pfandbriefen. Im Zentrum steht hierbei die Frage, ob im Insolvenzfall des Emittenten die rechtzeitige und vollständige Zahlung von Zinsen

---

[73] Vgl. Ohne Verfasserin bzw. Verfasser: Hypothekenbanken begrüßen fundamental bessere Beurteilung des Pfandbriefs durch Rating Agentur. In: Pfandbrief Update, 14. November 2003/ Nr. 4. Online im Internet: http://www.hypverband.de/d/internet.nsf/0/7F088030CFDC29DCC12571 5B0038D6C4/$FILE/verband_publ_pu_4_2003.pdf, Datum: 23.05.2006.

[74] Vgl. León, Jose de: Ratingmethodik für gedeckte Schuldverschreibungen aktualisiert. In: Börsen-Zeitung vom 19.07.2005, Verlagsbeilage, B7.

[75] Vgl. Heberlein, Hélène M. / Bertram, Horst: Qualitätsstandards bleiben hoch. In: Börsen-Zeitung vom 19. Juli 2005, Verlagsbeilage, B7.

und Tilgungen an den Pfandbriefgläubiger gewährleistet ist. Nur wenn die fortgesetzte Bedienung der Pfandbriefe auch im Insolvenzfall gesichert ist, kann S&P das Pfandbriefrating vom Emittentenrating abkoppeln.[76]

---

[76] Vgl. vdp: Der Pfandbrief. 10. Auflage, Berlin 2005, S. 104.

3   Das neue Pfandbriefgesetz in Deutschland

3.1   Anlass

3.1.1   Wegfall von Anstaltslast und Gewährträgerhaftung

Die zunehmende Diskussion über die Zukunft des Pfandbrief-
emissionsrechts der öffentlich-rechtlichen Kreditinstitute erforderte
eine Grundsatzentscheidung seitens des Gesetzgebers. Die amtliche
Begründung des ÖPG aus dem Jahre 1927 sah einen behördlichen
Charakter für öffentlich-rechtliche Institute vor. Daher wurde die
Emissionsgrundlage im Vergleich zu privatrechtlichen Instituten
weniger streng gestaltet. Diese Annahme ist aber im Hinblick auf
den intensiven Wettbewerb, der heute zwischen Sparkassen oder
Landesbanken und der privaten Kreditwirtschaft herrscht, nicht
mehr zeitgemäß.[77] Während das HBG den Kreis der von Hypothekenbanken betriebenen Geschäfte weitgehend auf einen definierten
Kreis von Tätigkeiten beschränkte, unterlagen die öffentlich-
rechtlichen Kreditinstitute einer solchen Geschäftsbeschränkung
nicht. Sie konnten bis zum 18. Juli 2005 auf die Anstaltslast und Gewährträgerhaftung als zusätzliche Pfandbriefsicherheit verweisen.[78]
Mit dem Wegfall der Staatshaftung hätten sich auf Basis des ÖPG
emittierte Pfandbriefe dem freien Wettbewerb stellen müssen. Da
die Sicherheitsbestimmungen des ÖPG aber insgesamt schwächer
als die des HBG sind, hätte das ÖPG ohne Staatshaftung seine Funktion als qualitätssichernde Rechtsgrundlage für den Pfandbrief nicht
mehr ausfüllen können. Die Folge wäre eine deutlich schlechtere
Beurteilung von auf Basis des ÖPG emittierten Pfandbriefen durch
die Marktteilnehmer und damit eine Teilung des Pfandbriefmarktes.
Dieses hätte dem Produkt Pfandbrief geschadet und das große Vertrauen der Anleger wäre in Mitleidenschaft gezogen worden.

---

[77]   Vgl. Hagen, Louis: Der Pfandbrief auf dem Weg in eine neue Ära. In: VDH
(Hrsg.): Der Pfandbrief. 9. Auflage, Berlin 2004, S.14.

[78]   Vgl. Entwurf eines Gesetzes zur Neuordnung des Pfandbriefrechts vom 13.
Oktober 2004 (Drucksache 15/4321).

3.1.2 Aushöhlung des Spezialbankprinzips

Neben den öffentlichen-rechtlichen Instituten machten drei bedeutende Marktteilnehmer als gemischte Hypothekenbanken von einem erweiterten Geschäftsbetrieb Gebrauch und unterlagen ebenfalls nicht dem Spezialbankprinzip des HBG. Auf diese beiden Gruppen entfällt jedoch der größte Marktanteil umlaufender Pfandbriefe. Die rückläufigen Zinsmargen im Staats- und Hypothekenfinanzierungsgeschäft zwangen den Gesetzgeber zu Novellen im Pfandbriefrecht, die eine schrittweise Ausweitung der Geschäftsfelder auch für die reinen Hypothekenbanken ermöglichten. Neben der regionalen Ausweitung wurde auch die Liste der Neben- und Hilfsgeschäfte immer länger, da die risikomindernde Wirkung der Geschäftskreisbeschränkung die Institute langfristig daran gehindert hätte, ausreichende Erträge allein mit dem Hypotheken- oder Staatskreditgeschäft zu erzielen.[79] So wurde das existierende Spezialbankprinzip sukzessive ausgehöhlt.[80]

3.1.3 Verlust von Marktanteilen am europäischen Covered-Bond-Markt

Der Pfandbrief muss sich dem internationalen Wettbewerb auf dem Covered-Bond-Markt stellen und sich der dynamischen Entwicklung dieser Assetklasse anpassen, um nicht die Gunst der Investoren zu verlieren. Im europäischen Marktgeschehen belegt der Pfandbrief seit Jahren den Spitzenplatz. Ende 2004 hatte der Pfandbrief im 1.600 Mrd. € schweren Covered-Bond-Markt in Europa einen Marktanteil von 62%, wobei es mehr als 20 Länder mit aktiven Covered-Bond-Emittenten gibt (s. Abb. 6).[81]

---

[79] Vgl. BaFin: Jahresbericht 2004, Bonn 2005, S.106.

[80] Vgl. Volk, Bernd / Hillenbrand, Florian: Neuordnung des Pfandbriefrechts. In: HVB Corporates & Markets, Global Markets Research (Hrsg.): Sector Report vom 07.04.2005. Online im Internet: http://www.hypverband.de/d/internet.nsf/0/9A8E54DA79DBDFBCC125 70C800594BD4/$FILE/PfandBG_HVB_SR050407_Neuordnung.pdf?OpenEl ement, Datum: 26.05.2006, S. 5 (a).

[81] Vgl. Hagen, Louis: Das erste halbe Jahr des European Covered Bond Council. In: vdp (Hrsg.): Der Pfandbrief. 10. Auflage, Berlin 2005, S. 37 (a).

Der internationale Erfolg des deutschen Pfandbriefsystems seit Mitte der neunziger Jahre hatte eine Sogwirkung für die Entwicklung des europäischen Covered-Bond-Marktes. Viele europäische Länder haben die Vorteile des Pfandbriefs entdeckt und entwickelten vergleichbare Produkte. Neben den bereits fest etablierten Märkten für Pfandbriefe in Deutschland und Dänemark konnten Länder wie Spanien, Frankreich, Großbritannien und Irland in den letzen Jahren ihren Marktanteil in diesem Segment erheblich steigern. In diesen Ländern wurden in den letzten Jahren gesetzliche Rahmenbedingungen für die Emission von Covered-Bonds geschaffen, um den hohen Refinanzierungsbedarf der boomenden Immobilienmärkte zu decken. So wurde in Frankreich im Jahre 1999 das bestehende Hypothekenbankgesetz überarbeitet. Durch die Emission von „Cédulas hipotecarias" im Jahr 1999 hat Spanien das bereits bestehende Pfandbriefsystem reaktiviert und 2002 durch die Ausgabe der „Cédulas territoriales" erweitert. In Irland trat 2002 der Asset Covered Securities Act in Kraft.[82] Aus Italien wurde zu Jahresbeginn 2005 der erste Covered-Bond emittiert. Finnland und die Niederlande folgten diesem Beispiel.[83] In Portugal und der Türkei werden Covered-Bond-Gesetze intensiv debattiert, in Rumänien und der Ukraine treten sie in 2006 in Kraft.[84] In Deutschland sind dagegen, besonders bei Öffentlichen Pfandbriefen, rückläufige Emissionsvolumina zu verzeichnen. Zwischen den Jahren 2000 und 2004 hat der deutsche Pfandbrief knapp 30% Marktanteil bei den Covered-Bonds in Europa verloren (s. Abb. 7).[85] Erstmalig war der Pfandbrief in 2005 nicht mehr das absatzstärkste Segment am europäischen Jumbo-Covered-Bond-Markt. Spanische Cédulas kamen in diesem Zeitraum auf ein Neuemissionsvolumen von 55 Mrd. €, während auf den Pfandbrief 48 Mrd. € entfielen.[86] Jüngere Produkte, wie etwa irische Asset Covered Securities (ACS), weisen im Primärmarkt, d.h. im Emissionsmarkt, erstaunliche Wachstumsraten auf.[87] Dies hatte bereits zur Folge, dass einige deutsche Pfandbriefbanken die Refinanzierungsmöglichkeit über Tochtergesellschaften in Irland oder

---

[82] Vgl. Lang, Rüdiger, 2004, S. 533.

[83] Vgl. vdp: Jahresbericht 2005, S.12.

[84] Vgl. vdp: Jahresbericht 2005, S. 79-82.

[85] Vgl. Thind, Safraz: Pfandbrief enters a new area. In: Credit, 2005, Nr. 10, S. 40.

[86] Vgl. vdp: Jahresbericht 2005, S.12.

[87] Vgl. Selim, Omar / Engelhard, Fritz, 2005, B5.

Luxemburg genutzt haben. Mit der zunehmenden Internationalisierung des Covered-Bond-Marktes in Europa gerät die Benchmarkposition des deutschen Pfandbriefs in Gefahr.[88]

3.2 Zielsetzung

Der deutsche Gesetzgeber war gefordert, einerseits die gesetzlichen Rahmenbedingungen für das Pfandbriefgeschäft so zu modifizieren, dass das Qualitätsniveau des Pfandbriefs auch in der Zeit nach dem Wegfall der Staatshaftung erhalten blieb. Andererseits musste es das Ziel sein, durch eine wettbewerborientierte Gesetzesgrundlage die Benchmarkposition des deutschen Pfandbriefs zu erhalten und die Schwächung des deutschen Finanzplatzes zu verhindern.[89]

Bei der Debatte um ein neues Pfandbriefgesetz wurden zwei Vorüberlegungen deutlich. Eine Abschaffung des Spezialbankprinzips für einheitliche Wettbewerbsbedingungen unter den Pfandbriefbanken kann nur mit umfangreichen Qualitätssicherungsmaßnahmen kompensiert werden. Außerdem hat sich das HBG im Gegensatz zum ÖPG unter Wettbewerbsbedingungen lange am Markt bewährt, sodass wesentliche Kernelemente des HBG „Vorbildcharakter" für das neue Pfandbriefgesetz haben mussten. Anhand von Tabelle 3 können die im folgenden Gliederungspunkt beschriebenen Veränderungen im Vergleich zum alten Pfandbriefrecht nachvollzogen werden.

3.3 Struktur

3.3.1 Pfandbriefemissionslizenz

Mit dem PfandBG wird das Spezialbankprinzip abgeschafft. Die Abschottung der Deckungsmasse in der Insolvenz des Emitten-

---

[88] Vgl. Osman, Yasmin: Ausländer jagen Deutschen Marktanteile ab. In: Financial Times Deutschland vom 12.05.2005, S. 25.

[89] Vgl. Hagen, Louis, 2004, S.14.

ten durch die Novelle im Jahre 2004 machte ein Festhalten am Spezialbankprinzip nicht länger notwendig. Die Aufgabe des Spezialbankprinzips führt dazu, dass jedes inländische Kreditinstitut mit der nach dem PfandBG notwendigen Emissionserlaubnis sowie dem Einhalten bestimmter Mindestanforderungen Pfandbriefe begeben kann. Das Pfandbriefgeschäft wird durch das PfandBG zu einem Bankgeschäft im Sinne des § 1 Abs.1 S.2 KWG, für das jede Pfandbriefbank eine Erlaubnis nach § 32 KWG (§ 2 Abs. 1 S.1 PfandBG) benötigt. Hieran wird der erhöhte Qualitätsstandard des Pfandbriefs sichtbar. Die zusätzlichen Erlaubnisvoraussetzungen werden im PfandBG in § 2 Abs.1 S.2 Nr.1 bis 5 genauer definiert:[90]

1) Der Emittent muß über ein Risikomanagementsystem verfügen, das die Risiken der Deckungsmassen gesondert abbildet und steuert.

2) Mittels eines Geschäftsplans über einen Zeitraum von fünf Jahren muss der BaFin nachgewiesen werden, dass das Pfandbriefgeschäft regelmäßig und nachhaltig betrieben werden soll und dafür ein erforderlicher organisatorischer Aufbau vorhanden ist.

3) Der organisatorische Aufbau und die Ausstattung des Kreditinstituts müssen sowohl auf das Kreditgeschäft als auch auf das Emissionsgeschäft ausgerichtet sein.

4) Das Kreditinstitut muss über ein Kernkapital von mindestens 25 Mio. Euro verfügen.

Die nach § 33 Abs. 2 S.1 KWG vorausgesetzten theoretischen und praktischen Kenntnisse im Pfandbriefgeschäft sind anzunehmen, wenn die Geschäftsleiter entsprechende Kenntnisse im Bereich des Hypothekar- oder des Staatsfinanzierungsgeschäftes sowie dessen Refinanzierung aufweisen können (§ 2 Abs.1 S.6 PfandBG). Das Mindestkapital wurde im Vergleich zum HBG um 25 Mio. Euro gesenkt. Das PfandBG gibt der BaFin die Möglichkeit, die Pfandbrieferlaubnis, die jeweils auf eine Pfandbriefart beschränkt sein kann, zu versagen oder aufzuheben, wenn die Voraussetzungen des Gesetzes nicht (mehr) erfüllt werden (§ 2 Abs. 2 PfandBG). Das gilt insbesondere, wenn das Pfandbriefgeschäft nicht nachhaltig betrieben wird. Dieses ist zu vermuten, wenn seit mehr als zwei Jahren keine Pfandbriefe mehr begeben worden sind und nicht zu erwarten

---

[90] Vgl. Volk, Bernd / Hillenbrand, Florian, 2005a, S. 5.

ist, dass dieses in den kommenden sechs Monaten wieder als aktiv betriebenes Pfandbriefgeschäft geschieht (§ 2 Abs. 2 Nr.2 PfandBG). Damit will der Gesetzgeber sicherstellen, dass die Emittenten langfristig und kontinuierlich am Pfandbriefmarkt engagiert sind und nicht nur sporadisch vom Pfandbrief Gebrauch machen.[91] Die Umlaufgrenze des HBG entfällt im neuen PfandBG, da sie im Vergleich zur Begrenzung des Aktivgeschäftes durch § 10 KWG sowie Grundsatz I nur von untergeordneter Bedeutung war.[92] Für Hypothekenbanken, die bereits unter dem HBG oder dem SchBG Pfandbriefe emittiert haben, bedeutet die Neuregelung des § 2 PfandBG, dass sich ihre bestehende Spezialerlaubnis durch eine gesetzliche Fiktion in §§ 43 bzw. 44 PfandBG auf alle in § 1 Abs. 1 S.2 KWG aufgeführten Bankgeschäfte mit Ausnahme des Investmentgeschäftes und des E-Geld-Geschäfts erweitert. Für alle „Altpfandbriefbanken", die eben genannten sowie die öffentlich-rechtlichen Institute, fingiert der § 42 PfandBG die für das Emittieren von Pfandbriefen notwendige Emissionserlaubnis. Diese Pfandbrieflizenz ist auf die bisher von dem jeweiligen Institut begebenen Pfandbriefe beschränkt. Um die Pfandbrieflizenz dauerhaft zu behalten, mussten diese Institute bis zum 18. Oktober 2005 bei der BaFin eine dem Erlaubnisantrag identische Anzeige einreichen. Eine Erleichterung ist, dass „Altpfandbriefbanken" erst ab dem 31. Dezember 2008 die Mindesteigenkapitalanforderung von 25 Mio. Euro einhalten müssen (§ 42 Abs. 3 PfandBG). Soweit der Wunsch besteht, vor dem in Kraft treten des PfandBG begebene Pfandbriefe nach den Vorschriften des HBG, SchBG bzw. ÖPG zu behandeln, ist das nach § 51 PfandBG möglich. Hierfür musste die „Altpfandbriefbank" diese Absicht der BaFin bis zum 18. Juli 2005 mitteilen und für den Alt- und Neubestand getrennte Deckungsregister führen. Die bisher nicht im Pfandbriefgeschäft agierenden Institute können neben ihrer bestehenden Erlaubnis die Pfandbrieflizenz beantragen. Dafür müssen sie das Erlaubnisverfahren des § 32 KWG durchlaufen.[93]

---

[91] Vgl. Hagen, Louis: Neues Pfandbriefgesetz als einheitliche Grundlage zur Emission von Pfandbriefen stärkt den Pfandbrief und den Finanzplatz. In: vdp (Hrsg.): Der Pfandbrief 2005, Berlin 2005, S.16 (b).

[92] Vgl. Volk, Bernd / Hillenbrand, Florian, 2005a, S. 4.

[93] Vgl. Frank, Wolfgang / Gatzl, Stefan: Das Pfandbriefgesetz. In: Wertpapier-Mitteilungen, Jg. 59, 2005, Nr. 36, S. 1681.

3.3.2 Risikomanagementsystem und Transparenzanforderungen

Der § 27 des PfandBG fordert die Einrichtung eines Risikomanagementsystems, das die Steuerung und Überwachung aller für das Geschäft der jeweiligen Bank relevanten Risiken umfasst. Das System muss Adressenausfall-, Zinsänderungs-, Währungs-, Marktpreis-, Liquiditäts- und operationelle Risiken verarbeiten. Zudem muss ein Limitsystem zur Begrenzung der Konzentration auf bestimmte Einzelrisiken existieren. Die verantwortlichen Entscheidungsträger müssen von einem Überschreiten der Risikogrenzwerte durch das System erfahren. Vierteljährlich wird ein Risikoreport dem Vorstand vorgelegt. Weiterhin muss das Risikomanagementsystem jährlich überprüft und zeitnah an sich ändernde Bedingungen angepasst werden. Das Risikomanagementsystem soll sicherstellen, dass im Falle der Insolvenz des Emittenten die Ansprüche der Pfandbriefgläubiger bedient werden können.[94] Bereits in § 25a Abs. 1 S.3 Nr.2 KWG wird für die Kreditinstitute allgemein ein Risikomanagementsystem vorgeschrieben. Weiterhin greift der § 27 PfandBG die Bestimmungen der Mindestanforderungen an das Risikomanagement (MaRisk), insbesondere im Hinblick auf die funktionale Trennung des Risikoüberwachungssystems vom Marktbereich bis in die Vorstandsebene, auf. Der § 27 Abs. 2 PfandBG schreibt vor, dass eine Pfandbriefbank nicht neue Geschäftsfelder eröffnen, neue Produkte einführen oder neue Märkte erschließen darf, ohne dass eine gründliche Analyse der damit verbundenen Risiken und der dadurch notwendigen Anpassungen an das Risikomanagementsystem vorausgeht. Im Bereich des Deckungsgeschäftes mit Hypothekarkrediten ist ein Erfahrungswissen von mindestens zwei Jahren notwendig.[95] Dadurch soll verhindert werden, dass die Pfandbriefbanken bei der Aufnahme von Geschäften in neuen Märkten unverhältnismäßige Risiken eingehen. Insgesamt bildet das Risikomanagementsystem den entscheidenden Teil der Qualitätssicherungsmaßnahmen, um den Verlust des Spezialbankprinzips zu kompensieren.[96]

Durch das PfandBG werden die Offenlegungsvorschriften des bisherigen § 28 HBG bzw. § 26 SchBG auf alle Pfandbrief emittie-

---

[94] Vgl. Volk, Bernd / Hillenbrand, Florian, 2005a, S. 17.
[95] Vgl. Frank, Wolfgang / Gatzl, Stefan, 2005, S.1687.
[96] Vgl. Volk, Bernd / Hillenbrand, Florian, 2005a, S. 18.

renden Kreditinstitute ausgedehnt und im Rahmen einer quartals-
mäßigen Berichterstattung erweitert. Damit verfolgt der Gesetzgeber das Ziel, dem zunehmenden Informationsbedürfnis der Anleger
gerecht zu werden und die Funktion des Marktes als Korrektiv zu
stärken. Durch die erhöhten Transparenzanforderungen werden
Pfandbriefe am Markt besser vergleichbar und die Risikoeinschät-
zung der Investoren erleichtert.[97] Hierzu schreibt der § 28 PfandBG
vor, dass die Pfandbriefbanken beispielsweise die Aufgliederung
der Laufzeitstruktur, die barwertige (Über-)Deckung inklusive
Stressszenarien, den Anteil von Derivaten im Deckungsstock sowie
die Aufteilung in Gewerbe- und Wohnungsbaukredite in der Deckungsmasse quartalsweise veröffentlichen. Auch die aus dem Deckungsstock fließenden und die auf die Pfandbriefe zu leistenden
Zahlungen müssen quartalsweise publiziert werden. Im Rahmen
des Jahresabschlusses hat das Pfandbriefinstitut jährlich Kennzahlen
zum Ausfallrisiko, die Zahl der anhängigen Zwangsversteigerungs-
verfahren oder den Gesamtbetrag der Rückstände auf die von Hy-
pothekenschuldnern zu entrichtenden Zinsen anzugeben. Einen
Ausweis der geografischen Aufteilung des Hypothekarkreditge-
schäftes schreibt das PfandBG nur hinsichtlich von Staaten, nicht
aber von Bundesländern vor, was für deutsche Investoren eine In-
formationslücke darstellt. Das PfandBG setzt insgesamt einen neuen
Standard bezüglich der Transparenzanforderungen und stärkt damit die Qualität des Pfandbriefs.[98]

3.3.3 Anforderungen an die Deckungswerte

Im PfandBG hat der Gesetzgeber das Deckungssystem – unter
Beibehaltung seiner wesentlichen Bestandteile – neu strukturiert
und einheitlich hohe Qualitätsanforderungen festgelegt. Die Deckung von Hypothekenpfandbriefen muss durch Hypotheken erfol-
gen, die den Anforderungen des § 13 bis § 17 des PfandBG entsprechen (§ 12 Abs. 1 PfandBG). Hierzu müssen die Hypotheken identisch mit dem HBG im Europäischen Wirtschaftsraum (EWR) oder
der Schweiz belegen sein. Neu im Vergleich zum HBG ist, dass Hypothekenkredite in den USA, Japan und Kanada deckungsstockfä-

---

[97] Vgl. Frank, Wolfgang / Gatzl, Stefan, 2005, S.1688.
[98] Vgl. Volk, Bernd / Hillenbrand, Florian, 2005a, S. 19f.

hig sind. Hierdurch erhöht sich die Diversifikationsmöglichkeit im Deckungsportfolio der Pfandbriefbank und mögliche Volatilitäten auf einzelnen Märkten erzielen eine geringere Wirkung. Beleihungen in Nicht-EU-Staaten dürfen weiterhin, soweit ein Insolvenzvorrecht nicht gesichert ist, nur in einer Höhe von bis zu 10% der Deckungsmasse einbezogen werden (§ 13 Abs. 1 S. 2 PfandBG), was besonders einer Expansion in die USA entgegensteht. Auf EU-Ebene wird durch die EU-Liquidationsrichtlinie[99] eindeutig festgelegt, dass für die Abwicklung eines Institutes die gesetzlichen Vorschriften des Herkunftstaates anzuwenden sind. Hinsichtlich der weiteren zugelassenen Deckungswerte systematisiert der § 19 PfandBG die Bestandteile der bisherigen ordentlichen Deckung und der Ersatzdeckung, die im HBG und ÖPG bereits existierten. Öffentliche Pfandbriefe sind nach § 20 Abs. 1 PfandBG weiterhin durch Forderungen an Zentral-, Regional- oder Kommunalgebietskörperschaften oder andere zugelassene Stellen innerhalb der EU, dem EWR, der Schweiz und seit der letzten Novelle des HBG und ÖPG auch schon aus den USA, Kanada und Japan zu decken. Ausschlusskriterium für Forderungen gegen Regionalregierungen und örtliche Gebietskörperschaften ist eine Risikogewichtung von maximal 20% nach der Bankenrichtlinie 2000/12/EG[100].[101] Forderungen außerhalb der EU, bei denen das Insolvenzvorrecht der Pfandbriefgläubiger nicht festgeschrieben ist, sind wie bei Hypothekenpfandbriefen auf 10% der Deckungsmasse limitiert (§ 20 Abs.1 Nr.2 Nr.4 PfandBG).

Bislang waren Forderungen gegen inländische Anstalten und Körperschaften des öffentlichen Rechts für die Emission von Öffentlichen Pfandbriefen uneingeschränkt deckungsfähig. Dieses ist im neuen PfandBG aufgrund des Wegfalls der Staatshaftung nicht mehr zulässig. § 20 Abs. 1 Nr. 1a PfandBG lässt daher zur Deckung von Öffentlichen Pfandbriefen nur noch Forderungen gegen Gebietskörperschaften zu, bei denen eine Anstaltslast, Gewährträgerhaftung oder eine Refinanzierungsgarantie besteht. Zugunsten von Landesbanken und Sparkassen sieht das PfandBG in § 49 PfandBG Besitzstandsregeln vor. So sind Forderungen gegen diese Institute

---

[99] Vgl. Richtlinie 2001/24/EG über die Sanierung und Liquidation von Kreditinstituten.

[100] Siehe Artikel 42 Abs. 1 der Richtlinie 2000/12/EG vom 20. März 2000 über die Aufnahme und Ausübung der Tätigkeit der Kreditinstitute (ABl. EG Nr. L 126 S.1).

[101] Vgl. Volk, Bernd / Hillenbrand, Florian, 2005a, S. 8-10.

weiterhin deckungsstockfähig, wenn sie bereits vor dem 18. Juli 2001 bestanden bzw. wenn sie zwischen dem 18. Juli 2001 und vor dem 19. Juli 2005 vereinbart wurden und nur eine Laufzeit bis zum 31.12.2015 vorsehen.[102]

Mit der Überleitung des SchBG in das neue PfandBG wurden viele bewährte Regelungen übernommen und eine Angleichung der Schiffspfandbriefe an die Regelungen des Hypothekenpfandbriefes vorgenommen (§ 21 – 26 PfandBG).[103]

Der § 20 PfandBG fasst die Werte der früheren ordentlichen Deckung und der Ersatzdeckung zusammen und erweitert die Liste der deckungsfähigen Werte.[104] Die Ersatzdeckungsgrenze von 10% behält das PfandBG bei, wenngleich nicht mehr der Begriff „Ersatzdeckung", sondern der Begriff „Deckungswerte" verwendet wird. Die Grenze beträgt im PfandBG 12% und berücksichtigt die sichernde Überdeckung in Höhe von 2%. Für Öffentliche Pfandbriefe sind Kassenbestände bei der Deutschen Bundesbank oder anderen geeigneten Banken als Ersatzdeckung zugelassen. Für Hypothekenpfandbriefe sind als Ersatzdeckung die meisten für Öffentliche Pfandbriefe zugelassenen Deckungswerte und alle zugelassenen Deckungsaktiva erlaubt. Die im PfandBG enthaltene Liste der zur 2%igen Überdeckung verwendbaren liquiden Titel entspricht weitgehend der Auflistung nach altem Pfandbriefrecht (§ 4 Abs. 2 S. 2 PfandBG).[105] Im PfandBG wird die Ermittlung des Beleihungswertes durch einen von der Kreditentscheidung unabhängigen Gutachter erstmals gesetzlich verankert (§ 16 Abs.1 und 2 PfandBG). Identisch zum HBG bleibt die Beleihungsgrenze, wonach Hypotheken bis zu 60% des Beleihungswertes als Deckungswerte verwendet werden können (§ 14 PfandBG). Entfallen gegenüber dem HBG ist jedoch die Nachranggrenze. Weiterhin werden die Einzelheiten der Beleihungswertermittlung sowie die Mindestanforderungen an die Qualifikation des Gutachters durch die Beleihungswertermittlungsverordnung geregelt, die am 1. August 2006 in Kraft tritt (§ 16 Abs. 4 PfandBG). Die Vorschrift tritt an die Stelle des § 13 HBG, wonach jede Hypothekenbank eine Anweisung über die Wertermittlung zu erlassen hatte, die von der BaFin zu genehmigen war. Durch die er-

---

[102] Vgl. Frank, Wolfgang / Catzl, Stefan, 2005, S.1686.

[103] Vgl. Sommer, Ralf, 2005, S.16.

[104] Vgl. Frank, Wolfgang / Catzl, Stefan, 2005, S.1686.

[105] Vgl. Volk, Bernd / Hillenbrand, Florian, 2005a, S.12.

lassene Rechtsverordnung wird die Beleihungswertermittlung einheitlich und transparenter. Im ÖPG bestand im Hinblick auf die Staatshaftung keine Beleihungswertvorschrift. Nach dem PfandBG müssen jetzt auch die öffentlich-rechtlichen Kreditinstitute die Beleihungswertvorschriften und –grenze beachten. Daher kommt es bei Emittenten, die bisher Pfandbriefe nach dem ÖPG emittierten und andere Wertermittlungsverfahren verwendeten, zu einer Spaltung der Deckungsmasse, da das PfandBG klarstellt, dass die Indeckungnahme von Hypothekenkrediten nach anderen Verfahren als dem Beleihungswertermittlungsverfahren nur in getrennten Deckungsregistern möglich ist (§ 51 PfandBG S.2). In einer Übergangsregel nach § 46 PfandBG dürfen öffentlich-rechtliche Kreditinstitute Hypotheken, die vor dem 13. Oktober 2004 in das Deckungsregister eingetragen wurden, bis zum 30. Juni 2006 in Höhe von 50% des nach bankinternem Wertermittlungsverfahren festgesetzten Werts zur Deckung von Hypothekenpfandbriefen verwenden. Damit wurde den öffentlichen Banken genügend Zeit zur Neubewertung ihrer Deckungsmassen gegeben und gleichzeitig der Qualität des Produktes Pfandbrief adäquat Rechnung getragen.[106] Identisch zum HBG bleibt die Pflicht, ein Deckungsregister je Pfandbriefgattung (§ 5 Abs. 1 PfandBG), dessen Details in der Deckungsregisterverordnung geregelt sind, zu führen.

3.3.4 Übernommene Kernelemente aus dem HBG

Die marktgetesteten Kernelemente des HBG sind nahezu eins zu eins in das neue Pfandbriefgesetz übernommen worden. Hierzu zählen das Deckungs- und Kongruenzprinzip (§ 4 Abs. 1 PfandBG), die Treuhänderfunktion (§ 7 bis 12 PfandBG), die besondere Aufsicht durch die BaFin (§ 3 PfandBG), das Insolvenzvorrecht des Pfandbriefgläubigers (§ 30 Abs. 1 PfandBG) sowie die Vorschriften über den Insolvenzfall und den Sachwalter (§ 30 - § 36 PfandBG).[107] Auch die barwertige Deckungsrechnung und die sichernde Überdeckung (§ 4 Abs. 2 PfandBG) sowie die Zulässigkeit und gleichzeitige Beschränkung von Derivaten (§ 19 Abs. 4 PfandBG) sind identisch

---

[106] Vgl. Volk, Bernd / Hillenbrand, Florian, 2005a, S.9.
[107] Vgl. Hagen, Louis, 2004, S.15.

mit den Bestimmungen des HBG.[108] Einzelheiten zur barwertigen Deckungsrechnung sind auf Grundlage des § 4 Abs. 6 PfandBG in der neuen Pfandbrief-Barwertverordnung geregelt, die die bisherige Barwertverordnung vom 19. Juli 2003 ablöst und am 21. Juli 2005 in Kraft getreten ist. Kernbestandteil bleibt weiterhin die Erfassung von Zinsrisiken durch simulierte Änderungen der Zinsstrukturkurve und deren Auswirkung auf das Aktiv-Management der Bank.

Das PfandBG übernimmt die Regelungen des HBG bezüglich der Stellung des Treuhänders und schreibt diesen jetzt für alle Pfandbriefbanken vor. Sein Aufgabenkreis und die Anforderungen an seine Qualifikation werden erweitert. Ebenfalls wird im PfandBG die Rolle der Aufsichtsbehörde gestärkt. Der § 3 PfandBG schreibt in einem Turnus von zwei Jahren für alle Pfandbriefbanken Deckungsprüfungen durch die Aufsichtsbehörde vor. Bisher wurden diese Prüfungen aus dem KWG abgeleitet und nur bei Instituten, die dem HBG und SchBG unterlagen, unregelmäßig durchgeführt. Die Insolvenzvorschriften inklusive des Sachwalters entsprechen weitgehend denen des HBG. Neu im PfandBG ist, dass dem Erwerb einer Hypothek der Anspruch gegen ein geeignetes Kreditinstitut auf Abtretung einer Hypothek, die von dem Kreditinstitut treuhänderisch zugunsten der Pfandbriefbank verwaltet wird, gleichgestellt ist, sofern im Falle der Insolvenz des Kreditinstituts die Pfandbriefbank Aussonderung verlangen kann (§ 1 Abs. 2 PfandBG).[109]

3.4 Auswirkungen

3.4.1 Pfandbrief

Das Angebot an deckungsfähigen Titeln reduziert sich durch den Wegfall der Staatshaftung für öffentlich-rechtliche Institute im neuen Pfandbriefgesetz deutlich. Daher ist mit einem stark rückläufigen Neuemissionsvolumen von Öffentlicher Pfandbriefen zu rechnen. Dieses ist bereits seit Mitte 2005 ersichtlich.[110] Berücksichtigen muss man hierbei jedoch, dass sich die Sparkassen und Landes-

---

[108] Vgl. Volk, Bernd / Hillenbrand, Florian, 2005a, S.16 - 23.
[109] Vgl. Volk, Bernd / Hillenbrand, Florian, 2005a, S.16 - 23.
[110] Vgl. Burmeister, Ralf / Burkert, Uwe, 2005, S. 26f.

banken „Liquiditätspolster" angelegt haben. Diese Institute haben den Zeitraum bis zum in Kraft treten des Pfandbriefgesetzes genutzt, indem sie überdurchschnittlich hohe Pfandbriefvolumina noch auf Rechtsbasis des ÖPG emittiert haben.[111]

Hypothekenpfandbriefe werden die Gewinner im Rahmen der Veränderungen am Pfandbriefmarkt sein. Insbesondere die Landesbanken werden dieses Produkt, sogar bis zur Emission von Hypotheken-Jumbos, stärker nutzen. Ein weiterer Grund für diese Entwicklung ist die zukünftige Eigenkapitalunterlegung von Wohnungsbaukrediten in Basel II. Die europaweit einmalige Regelung zur Emission von Schiffspfandbriefen im Pfandbriefgesetz wird vor dem Hintergrund des hohen Marktanteils der deutschen Institute in der Schiffsfinanzierung zu einer steigenden Bedeutung dieser Assetklasse führen.[112] Insgesamt wird durch das neue Pfandbriefgesetz die Qualität des Pfandbriefs weiter gestärkt, was sich in einer geringeren Volatilität und einer Einengung der Pfandbrief-Spreads ausdrücken wird.[113] Durch das rückläufige Volumen und die damit verbundene Angebotsverknappung von Öffentlichen Pfandbriefen wird sich der Renditeunterschied zu Hypothekenpfandbriefen allerdings vergrößern. Entscheidend für die Spreads wird in Zukunft die Qualität und Diversifizierung der Deckungsmasse sowie die Liquidität der Papiere sein. Der Wegfall staatlich garantierter Landesbanktitel auf dem Rentenmarkt wird generell die Nachfrage nach risikoarmen Anlagealternativen wie dem Pfandbrief erhöhen.[114]

3.4.2 Pfandbriefbanken

Die Schaffung eines einheitlichen Rechtsrahmens wird eine Intensivierung des Wettbewerbs auf dem Pfandbriefmarkt mit sich bringen. Die Zahl der Emittenten am Pfandbriefmarkt wird sich aufgrund des hohen Spezialisierungsgrads des Pfandbriefgeschäftes in der ersten Phase zunächst nicht wesentlich erhöhen.[115] Im ersten

---

[111] Vgl. vdp : Jahresbericht 2005, S. 8.

[112] Vgl. Sommer, Ralf, 2005, S.17.

[113] Vgl. Burmeister, Ralf / Burkert, Uwe, 2005, S.26f.

[114] Vgl. Sattler, Hans / Cruschwitz, Christiane: Pfandbrief. Gestärkte Position in Europa. In: Die Bank, 2005, Ausgabe 2, S. 43.

[115] Vgl. Burmeister, Ralf / Burkert, Uwe, 2005, S.26.

halben Jahr seit in Kraft treten des Pfandbriefgesetzes haben nur vier neue Institute eine Pfandbrieflizenz beantragt. Hervorzuheben ist, dass vier Pfandbriefbanken ihre Pfandbrieflizenz um die Erlaubnis zur Emission von Schiffspfandbriefen erweitern, sodass sich in diesem Segment die Emittentenlandschaft vergrößern wird.[116] Durch die engen Margen im Staatsfinanzierungsgeschäft konzentrieren sich Neueinsteiger vorwiegend auf Hypothekarkredite und deren Refinanzierung durch traditionelle Pfandbriefe.

Die bisherige Gruppe der reinen Hypothekenbanken wird auch zukünftig das Pfandbriefgeschäft betreiben, da das neue Pfandbriefgesetz für sie nur geringe Zusatzanforderungen bedeutet. Ihr Tätigkeitsumfeld wird durch den Wegfall der Geschäftskreisbeschränkung breiter, wobei sie weiterhin auf die Kernaktivitäten in der Staats- und Immobilienfinanzierung konzentriert bleiben.[117] Die Angebotspalette wird sich je nach Geschäftsmodell eher um eng verwandte Geschäftsfelder wie die Immobilienverwaltung oder das REIB bis hin zur eigenen Konzeption von offenen oder geschlossenen Immobilienfonds erweitern.[118] Ohne den Schutzring des Spezialbankprinzips müssen sie sich dem intensiven Wettbewerb im Pfandbriefgeschäft stellen. Nur geringfügige Konsequenzen entstehen für die gemischten Hypothekenbanken, da sie bisher schon keiner Geschäftskreisbeschränkung unterlagen.

Den Wegfall des Spezialbankprinzips haben die Muttergesellschaften von Hypothekenbanken dazu genutzt, die Pfandbriefaktivitäten aus Kostengründen mit den übrigen Bankgeschäften der Universalbank zusammenzuführen. Eine komplette Pfandbriefbank als Refinanzierungsvehikel ist für sie nicht mehr notwendig. Beispielsweise wurde im September 2005 die Wüstenrot Bank AG mit ihrer Tochter, der Wüstenrot Hypothekenbank AG, verschmolzen und wurde damit eine der ersten Universalbanken mit Pfandbrieflizenz. Diesem Beispiel folgten die SEB und die Aareal Bank, die ebenfalls ihre Hypothekenbanktöchter reintegrierten.[119] Die Umstrukturierungen sind mit Synergiezielen verbunden, die zum Abbau von Doppelarbeiten und zu Kosteneinsparungen führen sollen. Das

---

[116] Vgl. BaFin: Jahresbericht 2005, S.112.

[117] Vgl. Burmeister, Ralf / Burkert, Uwe, 2005, S.26.

[118] Vgl. Bettink, Jan: Neue Geschäftsmodelle für Hypothekenbanken. In: Zeitschrift für das gesamte Kreditwesen, Jg. 57, 2004, S. 1120.

[119] Vgl. vdp: Jahresbericht 2005, S. 11-12.

kann, wie man am Beispiel der Wüstenrot Bank AG sieht, die Refinanzierungskosten um 15 bis 20 Basispunkte senken.[120] Das Pfandbriefgesetz führte auch bei der Hypo Real Estate zu Umstrukturierungen, die ihre in Irland ansässige Hypo Real Estate International auf die zum Konzern gehörende Württembergische Hypothekenbank verschmolzen hat. Die WestLB stellt die Emission von ACS aus Irland ein.[121] Damit wurde durch das neue Gesetz Pfandbriefgeschäft nach Deutschland zurückgeholt und ein Beitrag zur vielfach geforderten Konsolidierung des deutschen Bankenmarktes geliefert.

Der Verlust des ÖPG und die strengen Anforderungen des PfandBG bedeuten für Sparkassen, nach alternativen Refinanzierungslösungen zu suchen. Hierfür kommen für Sparkassen die Eigenemission oder das Deckungspooling in Betracht. Landesbanken werden das Pfandbriefgeschäft forcieren, da sich ihre ungedeckte Refinanzierung mit dem Wegfall der Staatshaftung um 10 bis 25 Basispunkte verteuert.[122]/[123] Bei den privaten Universalbanken hängt der mögliche Eintritt in das Pfandbriefgeschäft vom Kostenvorteil der gedeckten Refinanzierung ab, da für sie auch alternative Refinanzierungsmöglichkeiten, wie Mortgage Backed Securities (MBS) in Frage kommen.[124] Mit dem neuen Pfandbriefgesetz gehört aber ihr Wettbewerbsnachteil gegenüber den Hypothekenbanken und den öffentlich-rechtlichen Instituten der Vergangenheit an.

Aufgrund der neuen Transparenzanforderungen des Pfandbriefgesetzes wird die Veröffentlichung von Informationen gegenüber Ratingagenturen und Investoren ausführlicher. Die offene Kapitalmarktkommunikation der Pfandbriefbank wird zu einem entscheidenden Wettbewerbsfaktor.[125] Die ausgeweiteten Informationspflichten, die gestiegenen Qualitätsanforderungen und die zusätzlichen Amtshandlungen der Aufsichtsbehörde sind mit erhöh-

---

[120] Vgl. Kornemann, Ralf: Neue Pfandbriefbank widmet sich dem privaten Kunden. In: Börsen-Zeitung vom 25.02.2006, Sonderbeilage, B9.

[121] Vgl. vdp: Jahresbericht 2005, S. 11-12.

[122] Vgl. Schwirten, Christian: Refinanzierung. Pfandbriefgesetz schafft neue Möglichkeiten. In: Die Bank, 2005, Ausgabe 1, S.36.

[123] Vgl. Thind, Sarfraz, 2005, S.40.

[124] Vgl. Sattler, Hans/ Cruschwitz, Christiane, 2005, S. 42.

[125] Vgl. Asmussen, Jörg: Neues Pfandbriefrecht - Fortsetzung einer Erfolgsgeschichte. In: Börsenzeitung vom 19. Juli 2005, Verlagsbeilage, B3

ten Kosten für die Emittenten verbunden.[126] Da das Geschäftsgebiet für das Kreditgeschäft mit dem Pfandbriefgesetz geografisch erweitert wurde, bietet sich für Pfandbriefbanken die Möglichkeit, Kredite außerhalb der Euro-Zone zu akquirieren, was besonders im Bereich der Staatsfinanzierung aufgrund der Verknappung von deckungsfähigen Titeln an Bedeutung gewinnen wird. Dieses ist unter dem Gesichtspunkt der Risikodiversifikation des Deckungsportfolios nicht negativ zu sehen. Zudem eröffnen diese Märkte neue Ertragspotenziale. Abschließend resultieren aus der gesteigerten Qualität des Pfandbriefproduktes und dem gestärkten Vertrauen der Anleger auf der Refinanzierungsseite verbesserte Kreditkonditionen auf der Aktivseite, die auch dem Wirtschaftsstandort Deutschland zugute kommen.[127]

3.4.3 Investoren

Das Pfandbriefgesetz führt aus Sicht der Investoren nur zu einer leichten Modifizierung, die vor allem die Sicherheit des Pfandbriefs unterstreichen.[128] Die Investoren profitieren durch die gestiegenen Transparenzanforderungen im Pfandbriefgesetz. Diese ermöglichen ihnen eine differenziertere Beurteilung des Pfandbriefs, wodurch die Assetklasse der Pfandbriefe insgesamt heterogener wird. Die geografische Ausweitung des Deckungsgeschäfts ermöglicht dem Investor, die Pfandbriefinvestition besser an das Risiko-Ertrags-Profil anzupassen. Anhand der Informationen über die Deckungsmassen kann er entscheiden, in welchen Kreditmarkt er investieren will. Die Intensivierung des Wettbewerbs auf dem Pfandbriefmarkt und die Verbreiterung der Emittentenlandschaft erhöht das Angebot an Pfandbriefprodukten und sorgt für marktgerechte Konditionen. Im Gegenzug führt dies bei Investoren allerdings auch zu steigendem Informationsaufwand.[129]

---

[126] Vgl. Begründung des Gesetzentwurfes zur Neuordnung des Pfandbriefrechts (Drucksache 15/4321), S.28.

[127] Vgl. Asmussen, Jörg, 2005, B3.

[128] Vgl. Burmeister, Ralf / Burkert, Uwe, 2005, S.21.

[129] Vgl. Sattler, Hans / Cruschwitz, Christiane, 2005, S. 43.

3.4.4 Pfandbrieflobby

Mit der Neuorganisation des Pfandbriefrechts hat sich der Verband deutscher Hypothekenbanken (VDH) in den Verband deutscher Pfandbriefbanken (vdp) umbenannt und sich für alle Pfandbrief emittierenden Institute geöffnet. Ziel des säulenübergreifenden, spezialisierten Bankenverbandes ist es, die Qualität des Pfandbriefs und die damit verbundenen Refinanzierungsbedingungen für Emittenten zu bewahren. Hierfür bildet er eine aktive und gebündelte Interessenvertretung gegenüber dem Gesetzgeber, der BaFin, Ratingagenturen und sonstigen Marktteilnehmern.[130] Bereits 2005 sind die Landesbank Baden-Württemberg, die Aareal Bank, die SEB AG und zwei Sparkassen dem Verband als ordentliche Mitglieder neu beigetreten.[131] Auf Initiative Deutschlands wurde Ende 2004 mit dem European Covered Bond Council (ECBC) eine Interessenvertretung gegründet, die aktiv an der Gestaltung der Rahmenbedingungen für Covered-Bonds auf europäischer Ebene mitwirkt.[132]

3.5 Vergleich mit Covered-Bond-Gesetzen anderer Länder

3.5.1 Frankreich

In Frankreich können die Obligation Fonciéres (OF) ausschließlich von Spezialkreditinstituten, den Sociétés de Crédit Foncier (SCF), emittiert werden (s. Tabelle 3). Die Beleihungsgrenze beträgt 60% des Beleihungswertes, kann aber auf 80% erhöht werden, wenn die Darlehen ausschließlich wohnwirtschaftlichen Zwecken dienen. Eine Beleihungsgrenze von 100% kann bei vorliegenden Bürgschaften der öffentlichen Hand, von Kreditinstituten oder Versicherungen angesetzt werden.[133] Der 60% übersteigende Teil muss allerdings auf unbesichertem Wege refinanziert werden. Als Ersatzdeckungswerte, die maximal 20% der deckungsfähigen Aktiva ausmachen dürfen, können auch MBS dienen. Ein Deckungsregister exis-

---

[130] Vgl. vdp: Jahresbericht 2005, S. 53f.
[131] Vgl. vdp: Jahresbericht 2005, S.2.
[132] Vg. VDH: Jahresbericht 2004, S. 2.
[133] Vgl. Lang, Rüdiger, 2004, S. 530-533.

tiert im französischen Recht aufgrund der Übertragung der deckungsfähigen Aktiva auf die SCF nicht. Weiterhin schreibt das Gesetz keine notwendige Überdeckung im Deckungsstock vor. In Frankreich fallen die Vermögenswerte in die Insolvenzmasse. Der Status der SCF als von der Mutter losgelöste Spezialgesellschaft bietet den Pfandbriefgläubigern aber begrenzten Schutz.[134]

3.5.2 Spanien

Das Hypothekenbankgesetz in Spanien sieht weder das Spezialbankprinzip noch die Überwachung der Emission durch einen Treuhänder vor (s. Tabelle 3). Das Recht zur Emission der Cédulas hipotecarias (CH) und Cédulas territoriales (CT) hat jedes Kreditinstitut mit einer gültigen Genehmigung der spanischen Zentralbank.[135] Hierbei bleiben die Deckungsaktiva auf der Bilanz, es gibt kein Deckungsregister. Ebenfalls sieht das spanische Recht keine Ersatzdeckung vor. Im Deckungsstock dürfen keine Hedgepositionen aufgebaut werden. Die Beleihungsgrenze liegt bei 70% des Marktwertes für gewerbliche und bei 80% des Marktwertes für wohnwirtschaftlich verwendete Immobilien. Bei den CH ist eine Überdeckung von 11% und bei den CT eine Überdeckung von 43% vorgeschrieben. Das Deckungsprinzip muss nur durch eine nominale Deckung erfüllt werden. Wie in Frankreich werden die Vermögenswerte nicht von der Insolvenzmasse getrennt. Die Pfandbriefgläubiger besitzen jedoch ein Insolvenzvorrecht.[136]

3.5.3 Irland

Der Asset Covered Securities Act (ACSA) ist die rechtliche Grundlage für Hypothekenbanken in Irland (s. Tabelle 3). Das Recht zur Emission von ACS besitzen ausschließlich die Designated Credit Institutions (DCI), die sowohl als Staatskreditbank als auch als Hypothekarkreditbank fungieren dürfen (Spezialbankprinzip). Die de-

---

[134] Vgl. Engelhard, Fritz, 2005, S. 36-39.
[135] Vgl. Lang, Rüdiger, 2004, S. 530-533.
[136] Vgl. Engelhard, Fritz, 2005, S. 36-39.

ckungsfähige Aktiva wird zur DCI transferiert, die getrennte Deckungsregister führen muss. Die Beleihungsgrenze nach ACSA liegt
bei 75% des vorsichtig ermittelten Marktwertes von privaten und
bei 60% von gewerblich genutzten Immobilien. Es existiert keine
Überdeckungsvorschrift. Die Central Bank of Ireland[137] und ein
Sonderaufseher, „cover asset monitor", üben eine besondere Aufsicht über die Covered-Bond-Emittenten aus und führen Immobi-
lienbewertungsprüfungen durch. Sowohl die nominale als auch die
barwertige Deckung werden nach irischem Recht gefordert. Hierbei
sind einzelne Vorschriften noch strenger als bei der deutschen Barwertverordnung. In Irland besteht für Länder ohne Insolvenzvorrecht keine Beschränkung der Deckungsmasse.[138]

3.5.4 Luxemburg

Das Pfandbriefrecht in Luxemburg orientiert sich eng an den
Bestimmungen des ehemaligen HBG. Im Gegensatz zum deutschen
Pfandbriefgesetz können allerdings Forderungen gegenüber Gebietskörperschaften nach Luxemburger Pfandbriefrecht[139] auch ohne
Gewährträgerhaftung und Anstaltslast in Deckung genommen werden (Tabelle 3). Damit qualifizieren sich Sparkassenbriefe oder
Schuldverschreibungen der Landesbanken aus Deutschland für die
Deckungsmasse des Lettre de Gage publique. Dies dürfte besonders
aus Sicht der deutschen Landesbanken und Sparkassen in Deutschland sehr interessant sein. In Luxemburg bietet sich für sie eine Refinanzierungsmöglichkeit wie zu Zeiten des ÖPG.[140] Weitere Vorteile des Luxemburger Pfandbriefrechtes sind die weitgefasste geografische Erstreckung der zulässigen Deckungsstockaktiva auf alle O-
ECD-Länder, was besonders der Risikodiversifizierung zugute
kommt, sowie die Möglichkeit der Deckungsstockfähigkeit von Co-

---

[137] Irische Zentralbank.

[138] Vgl. Engelhard, Fritz, 2005, S. 36-39.

[139] Auf der Basis von Artikel 12-1 (c) des Gesetzes vom 5. April 1993 über den
Finanzsektor.

[140] Vgl. Drost, Frank M.: NordLB schafft neues Geschäftsfeld. In: Handelsblatt
vom 10.01.2006, S.23.

vered-Bonds.[141] Zur Bündelung dieser Vorteile haben insbesondere die Landesbanken entweder Tochtergesellschaften in Luxemburg gegründet, wie die NordLB oder die Deka, oder kooperieren mit in Luxemburg ansässigen Pfandbriefbanken.[142]

3.5.5 Großbritannien und USA

Die britischen Banken haben eine lange Tradition, ihre Immobilienkredite durch MBS zu refinanzieren.[143] Um auch andere Gruppen von Anlegern anzusprechen, begeben einige britische Banken sogenannte Structured-Covered-Bonds, die nicht auf Basis einer gesetzlichen Grundlage, sondern auf vertraglicher Basis emittiert werden (s. Tabelle 3).[144] Trotz dieser Rechtskonstruktion erreichen die UK-Structured-Covered-Bonds die höchsten Bonitätsbewertungen, werden aber am Markt gegenüber Pfandbriefen mit Risikoaufschlägen gehandelt.[145] Sie erhalten nach CRD nur eine Risikogewichtung von 20%, da sie die Anforderungen des Art. 22 Abs. 4 OGAW-Richtlinie nicht erfüllen. Die FSA[146] hat angekündigt, dieses durch einen Rechtsrahmen zu ändern.[147]

In den USA gibt es ebenfalls keine Pfandbrief-Gesetzgebung nach Art der kontinentaleuropäischen Länder.[148] Der Markt für Immobilienfinanzierungen wird durch die halbstaatlichen Institutionen Fannie Mae (Federal National Mortgage Association) und Freddie Mac (Federal Home Loan Mortgage Corporation) dominiert.[149]

---

[141] Vgl. Volk, Bernd: Luxemburger Pfandbrief wird zunehmend populär. In: Börsen-Zeitung vom 16.02.2006, S. 18.

[142] Vgl. Johannsen, Kai: Luxemburg lockt deutsche Sparkassen an. In: Börsen-Zeitung vom 01.03.2005, S. 17.

[143] Vgl. Osterkamp, Rigmar: Hypothekenbanken im internationalen Vergleich. In: ifo-Schnelldienst, 58. Jahrgang, 2005, S.30.

[144] Vgl. vdp: Jahresbericht 2005, S. 78-85.

[145] Vgl. Brown, Mark: Constructive conservatism. In: Euromoney, 2005, Nr. 36, S.62.

[146] Financial Services Authority: Britische Aufsichtsbehörde.

[147] Vgl. vdp : Jahresbericht 2005, S. 78-85.

[148] Vgl. Osterkamp, Rigmar: 2005, S. 30.

[149] Vgl. ohne Verfasserin bzw. Verfasser: Fed-Chef warnt vor Fannie und Freddie. In: Börsen-Zeitung vom 25.02.2004, S.1.

Diese erwerben die von Kreditinstituten in den USA vergebenen Darlehen und refinanzieren sich ihrerseits, indem sie die erstandenen Hypotheken verbriefen und als MBS an Investoren verkaufen.[150]

3.6 Aktuelle Entwicklungstendenzen anhand ausgewählter Beispiele

3.6.1 Refinanzierungslösungen im Sparkassensektor: Eigenemission oder Deckungspooling

Durch das neue PfandBG sind Sparkassenbriefe und Schuldscheindarlehen als Deckungsmasse nicht mehr zulässig. Damit ändern sich die Refinanzierungsbedingungen für öffentlich-rechtliche Institute wie Sparkassen und Landesbanken erheblich, da neben den Kundeneinlagen die zweitwichtigste Refinanzierungsquelle versiegt. Bislang haben die Sparkassen ihr Aktivgeschäft teilweise darüber finanziert, dass sie Sparkassenbriefe oder Schuldscheindarlehen, die durch die Anstaltslast und die Gewährträgerhaftung garantiert waren, an Landesbanken verkauft haben. Die Landesbanken haben diese Schuldtitel in ihre Deckungsstöcke eingestellt und zur Emission von Öffentlichen Pfandbriefen verwendet (s. Abb. 8; bisher). Mit Öffentlichen Pfandbriefen wurden auf diese Weise Immobilienkredite finanziert. Dieses ist nach dem neuen PfandBG nicht mehr möglich. Für Sparkassen bieten sich zwei verschiedene Handlungsoptionen, um sich auch weiterhin kostengünstig über Pfandbriefe refinanzieren zu können: „Stand - Alone – Emissionen" oder das „Deckungspooling".[151] Die eigene Emission von Hypothekenpfandbriefen, die durch den Wegfall des Spezialbankprinzips theoretisch für jede Sparkasse möglich wäre, scheitert bei mittleren und kleinen Sparkassen an den hohen Erlaubnisvoraussetzungen des PfandBG und den immensen Kosten eines direkten Kapitalmarktauftritts. Lediglich für die zehn bis fünfzehn größten Institute ist die Eigenemission betriebswirtschaftlich sinnvoll. Bei dem Modell des Deckungspoolings übertragen Sparkassen eigene hypothe-

---

[150] Vgl. Gersemann, Olaf: Amerikanischer Alptraum. In: Wirtschaftswoche, 2003, Nr. 36, S. 96.

[151] Vgl. Buchholz, Angelika: Refinanzierung. Auf der Suche nach Kapital. In: Sparkasse, 2005, Nr. 6, S.19.

karische Deckungsmassen an eine Landesbank. Diese bündelt die Deckungsmassen, emittiert daraufhin eigene großvolumige Hypothekenpfandbriefe an den Kapitalmarkt und stellt die zufließende Liquidität den Sparkassen zur Verfügung (s. Abb. 8; neu). Insolvenzrechtlich abgesichert wurde dieses Pooling-Projekt, das bereits durch die Norddeutsche Landesbank angekündigt und in vielen anderen Sparkassenverbänden vorbereitet wird, durch den § 1 Abs. 2 PfandBG sowie die Schaffung eines Refinanzierungsregisters[152] durch den Gesetzgeber.[153] Mit der Einführung des Refinanzierungsregisters in § 22 a-o KWG hat die Pfandbriefbank oder eine Zweckgesellschaft bei Eintragung der Forderung in das Refinanzierungsregister ein Aussonderungsrecht nach § 47 InsO im Insolvenzverfahren, ohne dass die sachenrechtlichen Anforderungen an eine Vollrechtsübertragung erfüllt sein müssen.[154] Dadurch sind jetzt auch treuhänderisch gehaltene Grundpfandrechte insolvenzfest und können in den Deckungsstock aufgenommen werden.[155] Diese Reglung erspart den Pfandbriefbanken die kostenintensive Grundbuchänderung. Das Deckungspoolingmodell eröffnet die Bereitstellung bisher ungenutzter Aktiva aus den Sparkassenportfolios, in denen Ende 2005 303 Mrd. € oder 27% der gesamten Wohnungsbaukredite schlummerten.[156]

3.6.2 Mortgage Backed Securities als Refinanzierungsalternative

Die Einführung des Refinanzierungsregisters führte auch zu verbesserten Rahmenbedingungen für den Einsatz von MBS. Mit der Aufhebung des Spezialbankprinzips können MBS jetzt auch für alle Pfandbriefbanken als Alternativprodukt zum Hypotheken-

---

[152] Gesetz zur Neuorganisation der Bundesfinanzverwaltung und zur Schaffung eines Refinanzierungsregisters vom 22. September 2005 (BGBl. I S. 2809ff.).

[153] Vgl. Kösters, Jürgen: Pfandbriefgesetz-Gewinn für den Finanzplatz Deutschland. In: Börsenzeitung vom 25.02.2006, Sonderbeilage, B3.

[154] Vgl. Deutsche Bundesbank: Neue rechtliche und regulatorische Rahmenbedingungen für den deutschen Verbriefungs- und Pfandbriefmarkt. In: Monatsbericht März 2006, S.44.

[155] Vgl. vdp: Jahresbericht 2005, S.40.

[156] Vgl. Deutsche Bundesbank, 2006, S.49.

pfandbrief dienen.[157] Bei MBS wird ein festgelegter Forderungspool im Vergleich zur dynamischen Deckungsmasse des Pfandbriefs von der Bank auf eine Zweckgesellschaft übertragen. Diese wiederum refinanziert den Ankauf über die Ausgabe von mit privaten Wohnimmobilien (Residential Mortgage Backed Securities) oder mit Gewerbeimmobilien (Commercial Mortgage Backed Securities) besicherten Wertpapieren (True-Sale-Verbriefung).[158] Im Gegensatz zum Pfandbrief, der nur erstklassige Risiken, die zu einem AAA-Rating führen, enthält, bestehen MBS-Transaktionen aus mindestens zwei Tranchen mit unterschiedlichem Risikoprofil. Ein wesentlicher Unterschied zum Pfandbrief besteht im Risikotransfer, der zusätzlich zur Refinanzierung erfolgt. Mit MBS kann das Kreditrisiko vollständig auf den Kapitalmarkt übertragen werden, sodass der Kreditvergabespielraum der Bank erweitert wird. Zusätzlich zur Refinanzierung kann die Bank so aktiv Eigenkapital- und Bilanzstrukturmanagement betreiben. MBS-Transaktionen sind nicht auf 60% des Beleihungswertes begrenzt, sondern es können Forderungen bis zu 90% des Verkehrswertes herangezogen werden, sodass auch eine Refinanzierung von höher auslaufenden Darlehen zu attraktiven Konditionen gewährleistet werden kann. Somit unterstützen sie aktiv den Wandel der Banken von der starren Buy-and-Hold- zur flexibleren Buy-and-Sell-Strategie. Weitere Anreize für die Nutzung von MBS sind in Basel II zu finden.[159] Aus Sicht der Kreditinstitute konkurrieren Pfandbriefe und MBS nicht, sondern bilden komplementäre Refinanzierungsprodukte.[160]

3.7 Zukünftige Eigenkapitalunterlegung im Pfandbriefgeschäft

Mit der Capital Requirements Directive (CRD) werden die Bankenrichtlinie 2000/12/EC und die Kapitaladäquanzrichtlinie 93/6/EEC neu gefasst, um die neue Baseler Rahmenvereinbarung (Basel II) vom Juni 2004 in EU-Recht umzusetzen.[161] Die Umsetzung

---

[157] Vgl. Beckmann, Hubert: Mortgage Backed Securities und Pfandbriefe nähern sich an. In: Börsen-Zeitung vom 25.02.2006, Sonderbeilage, B5.

[158] Vgl. Deutsche Bundesbank, 2006, S.56.

[159] Vgl. Beckman, Hubert, 2006, B5.

[160] Vg. Kaufmann, Franz-Josef: Pfandbrief und Verbriefung machen Immobilienmarkt attraktiver. In: Börsen-Zeitung vom 25.02.2006, Sonderbeilage, B10.

[161] Vgl. vdp: Jahresbericht 2005, S. 54-59.

in deutsches Recht erfolgt hauptsächlich durch die Solvabilitätsverordnung (SolvV). Im Gegensatz zu Basel II werden gedeckte Schuldverschreibungen in den Bestimmungen der EU privilegiert. Mit der Vorzugsgewichtung in Höhe von 10% für gedeckte Schuldverschreibungen, die bereits zu Zeiten von Basel I bestand, trägt die EU der besonderen Sicherheit gedeckter Schuldverschreibungen Rechnung.

Für die Eigenkapitalunterlegung des Kreditinstitutes, das eine Investition in gedeckte Schuldverschreibungen tätigt, kommt es darauf an, ob es den Kreditrisiko-Standardansatz (KSA), den einfachen, auf internen Ratings basierenden Ansatz (IRBA) oder den fortgeschrittenen IRBA wählt. Systematisch werden gedeckte Schuldverschreibungen generell wie ein gesicherter Kredit behandelt, wobei kein Unterschied zwischen Forderungen gegen die öffentliche Hand und Hypothekenforderungen besteht. Daher ist neben der Sicherheit (Deckungsmasse) auch die Bonität des Darlehensnehmers (Emittent) zu berücksichtigen.[162] Der § 25 Abs. 1 Nr. 7 der SolvV definiert eine KSA-Forderungsklasse für von Kreditinstituten emittierte gedeckte Schuldverschreibungen.[163] Im KSA liegt das Risikogewicht für gedeckte Schuldverschreibungen eine Stufe unter demjenigen für erstrangige ungedeckte Bankverbindlichkeiten gemäß § 32 SolvV. Nach Ermessen der Aufsichtsbehörde kann das Risikogewicht in der Option 1, zu der die deutsche Aufsicht tendiert, um eine Stufe schlechter als der Nationalstaat eingeordnet werden (s. Tabelle 1). Damit hätte ein inländischer Investor den Pfandbrief im KSA mit 10% zu gewichten. In der Option 2 wird das Risikogewicht anhand des externen Bankratings ermittelt. Damit wäre ein Pfandbrief mit 20% zu unterlegen, wenn das Rating des Emittenten schlechter als AA- ist. Eine 20%ige Risikogewichtung erscheint aber aufgrund der Kreditqualität des Pfandbriefs nicht angemessen, sodass hier noch hinsichtlich der aufsichtlichen Konvergenz Handlungsbedarf besteht. Im einfachen IRBA bestimmt die geschätzte Ausfallwahrscheinlichkeit (PD= probability of default; § 88 SolvV) des Emittenten und die Verlustquote bei Ausfall (LGD= loss given default; § 92; § 93 SolvV) der gedeckten Schuldverschreibung, die mit 12,5 % aufsichtlich vorgeschrieben wird (§ 93 S. 4 SolvV), das

---

[162] Vgl. Marburger, Christian, 2004, S. 21-23.
[163] Siehe Diskussionsentwurf der SolvV vom 31.03.2006.

Risikogewicht.[164] Unter bestimmten Voraussetzungen, die unter anderem von deutschen Pfandbriefen erfüllt werden, kann bis zum 31. Dezember 2010 die LGD auf 11,25% gemäß § 339 Abs. 15 SolvV reduziert werden.[165] Damit vollzieht man einen konservativen Ansatz, wenn man bedenkt, dass die tatsächliche LGD-Quote der Hypothekendeckungsstöcke von Emittenten deutlich unter 10% und die LGD-Quote der Deckungsstöcke mit Forderungen gegen die öffentliche Hand bei null Prozent liegen. Offen bleibt, wie ein Investor, der den fortgeschrittenen IRBA nutzt, eigene LGD-Schätzungen vornehmen soll, ohne Kenntnis über die Verlustquoten der Deckungsmasse zu haben oder auf Daten des Emittenten zurückgreifen zu dürfen.[166]

Die Eigenkapitalunterlegung für Adressenrisikopositionen, die durch das Kreditgeschäft der Pfandbriefbanken auf der Aktivseite entstehen, erfährt durch den Entwurf der SolvV eine deutliche Änderung. Die Risikogewichtung für den privaten, hypothekarisch besicherten Wohnungsbaukredit, der zur Finanzierung des selbst genutzten oder vermieteten Eigentums dient, wird von aktuell 50% auf 35% im KSA abgesenkt (§ 35 SolvV). Der Gewerbekredit, besichert durch Grundpfandrechte auf Büro- oder sonstige Gewerbeimmobilien, wird mit 50% statt 100% gewichtet (§ 35 SolvV). Die Risikogewichtung von Krediten an die öffentliche Hand ist im KSA abhängig von der Bonitätsbeurteilung der Zentralregierung (§ 26 SolvV; s. Tabelle 2). Im einfachen IRBA wird die PD für Wohnungsbau- und Gewerbekredite bankintern geschätzt, während für die LGD und die Restlaufzeit aufsichtliche Vorgaben verwendet werden. Es besteht die Möglichkeit alternativ zur Schätzung der Risikoparameter für grundpfandrechtlich besicherte IRBA-Positionen ein pauschales Risikogewicht von 50% anzusetzen (§ 85 Abs. 5; § 100 Abs. 8; § 159 Abs. 2 SolvV). Im fortgeschrittenen IRBA kann das aus PD, LGD und weiteren Risikoparametern ermittelte Risikogewicht bis auf 7% sinken.[167] Hierbei wirkt sich das Grundpfandrecht als Kreditsicherheit LGD-reduzierend aus (§ 94 SolvV).[168]

---

[164] Vgl. Marburger, Christian, 2004, S. 23f.

[165] Vgl. Deutsche Bundesbank, 2006, S. 47.

[166] Vgl. Marburger, Christian, 2004, S. 24-26.

[167] Vgl. Engelhard, Fritz, 2004, S. 28.

[168] Vgl. Entwurf der Solvabilitätsverordnung vom 31.03.2006.

Erste Ergebnisse zeigen, dass die Eigenkapitalanforderungen für Portfolien von Wohnimmobilienkrediten deutlich sinken, und zwar umso mehr, je feiner die Risikosensitivität des gewählten Ansatzes ist. Dies macht die Wohnungsbaufinanzierung für die Pfandbriefbanken attraktiver und fördert die Verfügbarkeit von Hypothekendeckungsmasse.[169] Weiterhin steigen generell die Eigenkapitalanforderungen für Portfolien, die Forderungen an staatliche Institutionen beinhalten. Dies hat allerdings auch zur Folge, dass sich auch die Risikoprämien für staatliche Kredite erhöhen, was den Pfandbriefbanken die Möglichkeit einbringt, margenreiches Geschäft zu generieren.[170]

---

[169] Vgl. Sattler, Hans / Cruschwitz, Christiane, 2005, 2, S. 40.
[170] Vgl. Engelhard, Fritz, 2004, S. 28.

4 Das neue Pfandbriefrecht – Gewinn für den Finanzplatz Deutschland

Bereits die Kürze des Gesetzgebungsverfahrens hat gezeigt, dass das Pfandbriefgesetz ein Gegenbeispiel für den sonst beklagten Reformstau in Deutschland ist.[171] Die definierten Hauptziele werden in einer eleganten Lösung erreicht. Der Qualitätsstandard des Pfandbriefs bleibt erhalten und wird für die Zukunft, besonders im internationalen Wettbewerb, noch weiter verbessert. Die einheitliche Rechtsgrundlage beendet die Ungleichbehandlung zwischen Hypothekenbanken und öffentlich-rechtlichen Instituten und sorgt somit für einen fairen Wettbewerb. Zukünftig steht jedem Kreditinstitut die Refinanzierung über Pfandbriefe offen. Damit leistet das Pfandbriefgesetz einen bedeutenden Beitrag zur Stärkung des Finanzplatzes Deutschland und wird der starken Marktstellung des Pfandbriefs gerecht.[172]

Aus bankenaufsichtsrechtlicher Sicht ist besonders hervorzuheben, dass mit der Definition des Pfandbriefgeschäftes als Bankgeschäft und durch die gestärkte Rolle der BaFin eine sachgerechte Aufsicht sichergestellt wird.[173] Dem trägt die BaFin auch mit einem neu geschaffenen Pfandbrief-Kompetenzcenter Rechnung.[174] Der Verlust des Spezialbankprinzips wird durch die Emissionslizenz, die neue Maßstäbe in Europa setzt und die Abschottung der Deckungsmassen im Insolvenzfall vollständig kompensiert.[175]

Die Anlegersicherheit wird mit dem neuen Pfandbriefgesetz deutlich verbessert. Hierfür sorgen das Risikomanagement und die erhöhten Anforderungen an den Treuhänder. Die Vorschriften über die einheitliche Beleihungswertermittlung sind der restriktivste An-

---

[171] Vgl. Weber, Manfred: Pfandbriefgesetz stärkt den Finanzstandort Deutschland. In: Börsen-Zeitung vom 10.09.2004, S.1 .

[172] Vgl. Asmussen, Jörg (BMF), 2005, S. B3

[173] Vgl. BaFin: Jahresbericht 2004, S.106.

[174] Vgl. Frühauf, Markus / List, Thomas / Wittkowski, Bernd: Eine Zäsur für alle Emittenten (Interview mit Jürgen Grieger und Louis Hagen). In: Börsen-Zeitung vom 19.07.2005, Verlagsbeilage, B4.

[175] Vgl. BaFin: Jahresbericht 2004, S.106.

satz aller Covered-Bond-Gesetze.[176] Damit stärkt das Gesetz mit der besonderen Betonung des Sicherheitsaspektes das Vertrauen der Investoren in den Pfandbrief.[177]

Dagegen hat man versäumt, Nachteile gegenüber anderen europäischen Gesetzen beim geografischen Geschäftsgebiet zu beseitigen und eine direkte Verknüpfung zwischen Pfandbriefgesetzgebung und Verbriefung durch die Deckungsstockfähigkeit erstklassiger MBS-Tranchen zu schaffen.[178] Die Transparenz- und Informationspflichten, die die Ratingagenturen besonders begrüßen[179], sind auf gesetzlicher Basis in Europa einzigartig. Über eine noch ausführlichere Publikation muss der Wettbewerb der Pfandbriefemittenten entscheiden.[180]

Das Pfandbriefgesetz bedeutet für alle Emittenten einen deutlichen Einschnitt für das zukünftige Pfandbriefgeschäft. Ihr wichtigstes Anliegen wurde erfüllt: Der Pfandbrief bleibt, was er ist: Ein sicheres Investment.[181] Es liegt jetzt an den Emittenten, die Stärken des deutschen Pfandbriefs gegenüber den Konkurrenten deutlich zu machen und seine Benchmarkposition zu sichern. Die Voraussetzungen wurden mit dem Pfandbriefgesetz geschaffen.[182]

Die Konkurrenz der europäischen Gesetzesgrundlagen im Wettlauf um das bessere System wird auch in Zukunft anhalten. Dies sichert die Produktvielfalt in Europa, die besonders von den Emittenten befürwortet wird. Die Annäherung der Rechtsrahmen wird sich im marktwirtschaftlichen Prozess einstellen. Ein einheitliches europäisches Pfandbriefgesetz wird es daher auch vor dem Hintergrund der unterschiedlichen Entwicklungsstadien der Cove-

---

[176] Vgl. Schörnig, Christof M. / Bach, Bernd: Bewährtes Qualitätsprodukt zukunftssicher gemacht. In: Börsen-Zeitung vom 19. Juli 2005, Verlagsbeilage, B7.

[177] Vgl. Asmussen, Jörg, 2005, S. B3.

[178] Vgl. Ohne Verfasserin bzw. Verfasser: Pfandbrief-Entwurf stößt auf Zustimmung. In: Börsen-Zeitung vom 04.08.2004, S. 1.

[179] Vgl. Fuchs, Karlo / Althaus, Torsten: S & P begrüßt verbesserte Transparenzbedingungen. In: Börsen-Zeitung vom 19.07.2005, B4.

[180] Vgl. Rasche, Henning: Pfandbriefbanken zeigen Pionierleistungen bei der Transparenz. In: Börsen-Zeitung vom 25.02.2006, Sonderbeilage, B1.

[181] Vgl. Burmeister, Ralf / Burkert, Uwe, 2005, S.28.

[182] Vgl. Vgl. Asmussen, Jörg, 2005, Sonderbeilage, B3.

red-Bond-Gesetzgebung in den Ländern Europas in naher Zukunft nicht geben.[183]

Das Pfandbriefgesetz muss sich den Anforderungen des Marktes stellen und unterliegt so einem fortwährenden Optimierungsprozess. Die Bundesregierung prüft bereits die Einführung von Luftfahrzeugpfandbriefen, die eine notwendige Innovation für im Flugzeugfinanzierungsgeschäft tätige Banken darstellt.[184] Brüssel erwägt im Rahmen der Integration der Finanzdienstleistungsmärkte eine Regelung, wonach Verbraucher Hypothekarkredite in der EU generell kündigen dürfen. Dieses würde die Deckungsmasse für Pfandbriefe schlagartig verringern.[185/186]

Trotz aller Änderungen im Pfandbriefrecht in jüngster Vergangenheit und der anstehenden neuen Herausforderungen wird der Pfandbrief seine 236-jährige Erfolgsgeschichte auch in der Ära des Pfandbriefgesetzes weiter fortsetzen. „Das Spezialbankprinzip ist tot – lang lebe der Pfandbrief!"[187]

---

[183] Vgl. Frühauf, Markus / List, Thomas / Wittkowski, Bernd, 2005, B4.

[184] Vgl. Kösters, Jürgen, 2006, B3.

[185] Vgl. Hagen, Louis: Integration der Hypothekarkreditmärkte zulasten der Verbraucher? In: Börsen-Zeitung vom 25.02.2006, Sonderbeilage, B6.

[186] Vgl. Schuermann, Christof: Sofort kündbar. In: Wirtschaftswoche vom 08.12.2005, S. 11.

[187] Vgl. Burmeister, Ralf / Burkert, Uwe, 2005, S.28.

Verzeichnis der verwendeten Literatur

Arendt, Franz-Josef / Tolckmitt, Jens: Der Pfandbrief – Aktuelle Entwicklungen und rechtliche Grundlagen. In: VDH (Hrsg.): Der Pfandbrief. 6. Auflage, Berlin 2001, S. 16 – 28.

Asmussen, Jörg: Neues Pfandbriefrecht – Fortsetzung einer Erfolgsgeschichte. In: Börsenzeitung vom 19. Juli 2005, Verlagsbeilage, B3.

Beckmann, Hubert: Mortgage Backed Securities und Pfandbriefe nähern sich an. In: Börsen-Zeitung vom 25.02.2006, Sonderbeilage, B5.

Behr, Patrick / Güttler, André / Kiehlborn, Thomas: Der deutsche Hypothekenmarkt: Ergebnisse einer empirischen Untersuchung. Working Paper Series No. 113 der Johann Wolfgang Goethe-Universität, Frankfurt am Main 2003.

Bellinger, Dieter: Das Pfandbrief- und Hypothekengeschäft in Europa. In: Rolfes, Bernd / Fischer, Thomas R. (Hrsg.): Handbuch der europäischen Finanzdienstleistungsindustrie, Frankfurt am Main 2001, S. 71 – 81.

Bettink, Jan: Neue Geschäftsmodelle für Hypothekenbanken. In: Zeitschrift für das gesamte Kreditwesen, Jg. 57, 2004, S. 1117 – 1120.

Born, Karl Erich: Geld und Banken im 19. und 20. Jahrhundert. Stuttgart 1976, S. 190.

Brown, Mark: Constructive conservatism. In: Euromoney, 2005, Nr. 36, S. 60 – 67.

Buchholz, Angelika: Refinanzierung. Auf der Suche nach Kapital. In: Sparkasse, 2005, Nr. 6, S. 18 – 19.

Bundesanstalt für Finanzdienstleistungsaufsicht (BaFin): Jahresbericht 2004.

Bundesanstalt für Finanzdienstleistungsaufsicht (BaFin): Jahresbericht 2005.

Burmeister, Ralf / Burkert, Uwe: Die Emittentenlandschaft unter der Ägide des Pfandbriefgesetzes. In: vdp (Hrsg.): Der Pfandbrief. 10. Auflage, Berlin 2005, S. 20-28.

Decker, Franz: Neue gesetzliche Anforderungen an das Pfandbriefgeschäft. In: Die Bank, Ausgabe 11, Beilage: Der Pfandbrief, S. 4 – 7.

Deutsche Bundesbank: Finanzintermediäre in Deutschland. In: Monatsbericht Oktober 2004, S. 54 – 56.

Deutsche Bundesbank: Neue rechtliche und regulatorische Rahmenbedingungen für den deutschen Verbriefungs- und Pfandbriefmarkt. In: Monatsbericht März 2006, S. 37 – 62.

Drost, Frank M.: NordLB schafft neues Geschäftsfeld. In: Handelsblatt vom 10.01.2006, S. 23.

Engelhard, Fritz: Zunehmende Verbreitung der Pfandbrieftechnologie in Europa: Ursachen, Konsequenzen, Investmentimplikationen. In: VDH (Hrsg.): Der Pfandbrief. 9. Auflage, Berlin 2004, S. 27 – 39.

Frank, Wolfgang / Gatzl, Stefan: Das Pfandbriefgesetz. In: Wertpapier – Mitteilungen, Jg. 59, 2005, Nr. 36, S. 1681 – 1689.

Frühauf, Markus / List, Thomas / Wittkowski, Bernd: Eine Zäsur für alle Emittenten (Interview mit Jürgen Grieger und Louis Hagen). In: Börsen-Zeitung vom 19.07.2005, Verlagsbeilage, B4.

Fuchs, Karlo / Althaus, Torsten: S & P begrüßt verbesserte Transparenzbedingungen. In: Börsen-Zeitung vom 19.07.2005, Verlagsbeilage, B4.

Gersemann, Olaf: Amerikanischer Alptraum. In: Wirtschaftswoche, 2003, Nr. 36, S. 96-98.

Grill, Wolfgang / Perczynski, Hannelore: Wirtschaftslehre des Kreditwesen. 39. Auflage, Troisdorf.

Hagedorn, Fred: Die Landschaften. Eine rechtsgeschäftliche Darstellung der preußischen Agrarkreditinstitute. Freiburg 1978.

Hagen, Louis: Die Novelle des Hypothekenbankgesetzes. In: VDH (Hrsg.): Der Pfandbrief. 7. Auflage, Berlin 2002, S. 32-38.

Hagen, Louis: Der Pfandbrief auf dem Weg in eine neue Ära. In: VDH (Hrsg.): Der Pfandbrief. 9. Auflage, Berlin 2004, S. 12 – 19.

Hagen, Louis: Das erste halbe Jahr des European Covered Bond Council. In: vdp (Hrsg.): Der Pfandbrief. 10. Auflage, Berlin 2005, S. 36 – 40 (a).

Hagen, Louis: Neues Pfandbriefgesetz als einheitliche Grundlage zur Emission von Pfandbriefen stärkt den Pfandbrief und den Finanzplatz. In: vdp (Hrsg.): Der Pfandbrief. 10. Auflage, Berlin 2005, S. 12 – 19 (b).

Hagen, Louis: Integration der Hypothekarkreditmärkte zulasten der Verbraucher? In: Börsen-Zeitung vom 25.02.2006, Sonderbeilage, B6.

Heberlein, Hélène M. / Bertram, Horst: Qualitätsstandards bleiben hoch. In: Börsen-Zeitung vom 19.07.2005, Verlagsbeilage: Das neue Pfandbriefgesetz, B7.

Johannsen, Kai: Systemtest für den Pfandbrief. In: Börsen-Zeitung vom 27.10.2005, S.1.

Johannsen , Kai: Luxemburg lockt deutsche Sparkassen. In: Börsen-Zeitung vom 16.02.2006, S.18.

Kaufmann, Franz-Josef: Pfandbrief und Verbriefung machen Immobilienmarkt attraktiver. In: Börsen-Zeitung vom 25.02.2006, Sonderbeilage, B10.

Kellenbenz, Hermann: Von den Anfängen bis zum Ende des 18. Jahrhunderts. In: Wirtschaftsgeschichte, Band I, München 1977, S. 367.

Kornemann, Ralf: Neue Pfandbriefbank widmet sich dem privaten Kunden. In: Börsenzeitung vom 25.02.2006, Sonderbeilage, B9.

Kösters, Jürgen: Pfandbriefgesetz – Gewinn für den Finanzplatz Deutschland. In: Börsenzeitung vom 25.10.2006, Sonderbeilage B3.

Kullig, Sascha / Hagen, Louis: Pfandbrief bleibt Pfandbrief!? In: Zeitschrift für das gesamte Kreditwesen, Jg. 57, 2004, Ausgabe 20, S. 1135 – 1137.

Lang, Rüdiger: Die Entwicklung des europäischen Pfandbriefmarktes. In: Immobilien und Finanzierung, Jg. 55, 2004, Ausgabe 17, S. 530 – 533.

Lebert, Rolf: Neue Eigner krempeln die Branche um. In: Financial Times Deutschland vom 03.01.2006, S.18.

León, Jose de: Ratingmethodik für gedeckte Schuldverschreibungen aktualisiert. In: Börsen-Zeitung vom 19. Juli 2005, Verlagsbeilage: Das neue Pfandbriefgesetz, B7.

Linn, Norbert / Behr, Patrick / Güttler, André / Kiehlborn, Thomas: Hypothekenbanken: Die Zukunft liegt im Firmenkundengeschäft. In: Die Bank, Nr. 8, 2003, S. 520 – 523.

List, Thomas: Pfandbriefbanken unter Druck. In: Börsen-Zeitung vom 26.11.2005, S. 8.

Marburger, Christian: Die künftige Eigenkapitalgewichtung von Pfandbriefen in Europa. In: vdp (Hrsg.): Der Pfandbrief. 9. Auflage, Berlin 2004, S. 19 – 26.

Mössner, Karl-Eugen: Hypothekenbanken. In: Handwörterbuch der Sozialwissenschaften, 5. Band, Stuttgart 1956, S. 173 – 179.

Munsberg, Friedrich: Zehn Jahre Jumbo-Pfandbrief – Wie alles begann. In: vdp (Hrsg.): Der Pfandbrief. 10. Auflage, Berlin 2005, S. 29 – 40.

Ohne Verfasserin bzw. Verfasser: Hypothekenbanken begrüßen fundamental bessere Beurteilung des Pfandbriefs durch Rating Agentur. In: Pfandbrief Update, 14. November 2003/ Nr. 4. Online im Internet: http://www.hypverband.de/d/internet.nsf/0/7F088030CFDC29DCC125715B0038D6C4/$FILE/verband_publ_pu_4_2003.pdf, Datum: 23.05.2006.

Ohne Verfasserin bzw. Verfasser: Fed-Chef warnt vor Fannie and Freddie. In: Börsen-Zeitung vom 25.02.2004, S.1.

Ohne Verfasserin bzw. Verfasser: Pfandbrief-Entwurf stößt auf Zustimmung. In: Börsen-Zeitung vom 04.08.2004, S. 1.

Ohne Verfasserin bzw. Verfasser: Systemtest für den Pfandbriefmarkt. In: Frankfurter Allgemeine Zeitung vom 27.10.2005, S. 19.

Osman, Yasmin: Ausländer jagen Deutschen Marktanteile ab. In: Financial Times Deutschland vom 12.05.2005, S. 25.

Osterkamp, Rigmar: Hypothekenbanken im internationalen Vergleich. In: Ifo – Schnelldienst, Jg. 58, 2005, S. 30 – 33.

Packmohr, Ted: Wer kauft Pfandbriefe? Zur Investorenkultur am Covered-Markt. In: vdp (Hrsg.): Der Pfandbrief, 10. Auflage, Berlin 2005, S. 41-51.

Rasche, Henning: Pfandbriefbanken zeigen Pionierleistungen bei der Transparenz. In: Börsen-Zeitung vom 25.02.2006, Sonderbeilage, B1.

Rödel, Erich: Die Hypothekenbanken auf dem Weg in das 21. Jahrhundert. In: Schuster, Leo / Widmer, Alex W. (Hrsg.): Wege aus der Banken und Börsenkrise. Berlin 2004, S. 103 – 117.

Sattler, Hans / Cruschwitz, Christiane: Pfandbrief. Gestärkte Position in Europa. In: Die Bank, 2005, Ausgabe 2, S. 40 – 43.

Schörnig, Christof M. / Bach, Bernd: Bewährtes Qualitätsprodukt zukunftssicher gemacht. In: Börsen-Zeitung vom 19. Juli 2005, Verlagsbeilage, B7.

Schörnig, Christof M.: Pfandbrief durch Jumbo noch populärer. In: Börsen-Zeitung vom 25.02.2006, Sonderbeilage, B6.

Schuermann, Christof: Sofort kündbar. In: Wirtschaftswoche vom 08.12.2005, S.11.

Schulte, Fritz: Bodenkreditinstitute. In: Handwörterbuch der Staatswissenschaften, 4. gänzlich umgearbeitete Auflage, Jena 1923 – 1929, 6. Band, S. 954 – 959.

Schwirten, Christian: Refinanzierung. Pfandbriefgesetz schafft neue Möglichkeiten. In: Die Bank, 2005, Ausgabe 1, S. 33 – 37.

Selim, Omar / Engelhard, Fritz: Bleibt die Pfandbrieftechnologie auf der Überholspur. In: Börsen-Zeitung vom 19.07.2005, Verlagsbeilage, B5.

Sommer, Ralf: Der Schiffspfandbrief als neue Asset-Klasse. In: Die Bank, 2005, Nr. 11, Beilage: Der Pfandbrief, S. 16 – 17.

Thind, Sarfraz: Pfandbrief enters a new area. In: Credit, 2005, Nr. 10, S. 40 – 42.

Timmermann, Boy Heinrich: Hypothekenpfandbriefbarwertverordnung. In: VDH (Hrsg.): Der Pfandbrief. 9. Auflage, Berlin 2004, S. 52 – 64.

Verband deutscher Hypothekenbanken (VDH): Jahresbericht 2003.

Verband deutscher Hypothekenbanken (VDH): Jahresbericht 2004.

Verband deutscher Pfandbriefbanken (vdp): Jahresbericht 2005.

Volk, Bernd / Hillenbrand, Florian: Neuordnung des Pfandbriefrechts. In: HVB Corporates & Markets, Global Markets Research (Hrsg.): Sector Report vom 07.04.2005. Online im Internet: http://www.hypverband.de/d/internet.nsf/0/9A8E54DA79DBDFBCC12570C 800594BD4/$FILE/PfandBG_HVB_SR050407_Neuordnung.pdf?OpenElement, Datum: 26.05.2006 (a).

Volk, Bernd / Hillenbrand, Florian: Overview of Frameworks. In: HVB Corporates & Markets, Global Markets Research (Hrsg.): Sector Report vom 27.07.2005. Online im Internet: http://www.hypverband.de/d/internet.nsf/0/D97E0E878766C10AC12571110 0579A98/$FILE/eur_li_lued_ue_hvb_cb.pdf, Datum: 19.05.2006 (b).

Volk, Bernd: Luxemburger Pfandbrief wird zunehmend populär. In: Börsen-Zeitung vom 16.02.2006, S. 18.

Walter, Rolf: Der Pfandbrief und seine Bedeutung in historischer Perspektive. In: Bankhistorisches Archiv: Pfandbrief und Kapitalmarkt, Frankfurt am Main 2000, S. 14.

Weber, Manfred: Pfandbriefgesetz stärkt den Finanzstandort Deutschland. In: Börsen-Zeitung vom 10.09.2004, S.1.

Wurm, Gregor / Wolff, Karl / Ettmann, Bernd: Kompaktwissen Bankbetriebslehre. 9. überarbeitete Auflage, Köln 2001.

Anhang

Abbildung 1: Grundprinzip des Pfandbriefes

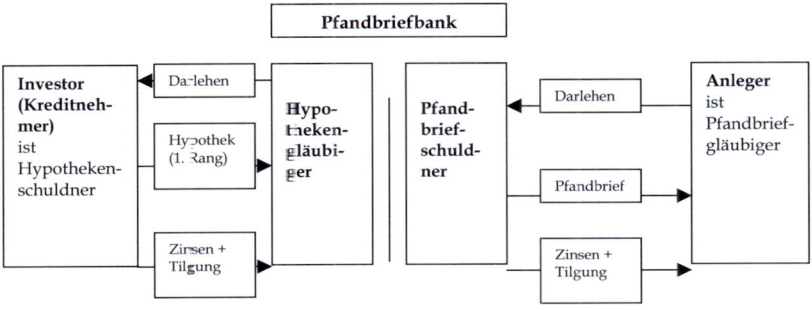

Quelle: Grill, Wolfgang / Perzynski, Hannelore, 2005, S. 220

Abbildung 2: Umlauf festverzinslicher Wertpapiere inländischer Emittenten in Mrd. €/ Marktanteil in Prozent (Stand: 31.12.2005)

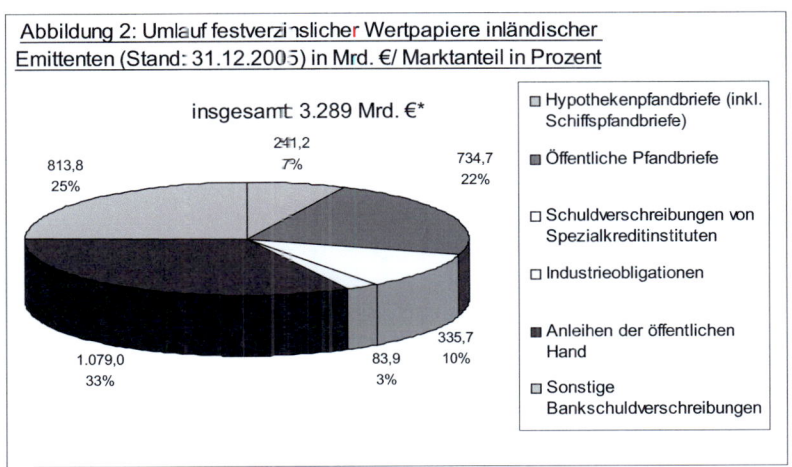

* Wertpapiere einschließlich Namensschuldverschreibungen

Quelle: Deutsche Bundesbank, Statistische Beihefte zu den Monatsberichten.

Abbildung 3: Das neue Pfandbriefgesetz

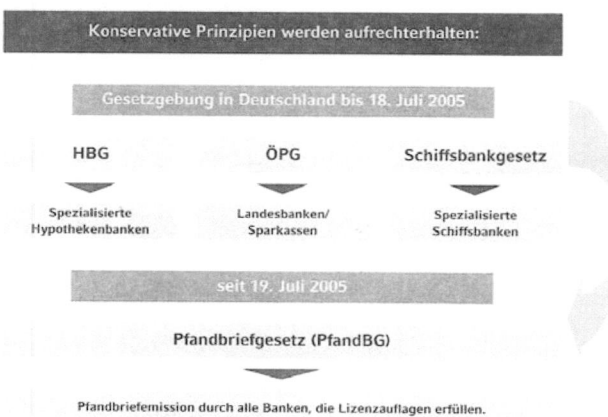

Quelle: Hagen, Louis: Neues Pfandbriefgesetz als einheitliche Grundlage zur Emission von Pfandbriefen stärkt den Pfandbrief und den Finanzplatz. In: vdp (Hrsg.): Der Pfandbrief. 10. Auflage, Berlin 2005, S. 13.

Abbildung 4: Spreads zwischen Jumbo-Pfandbriefen und Bundesanleihen

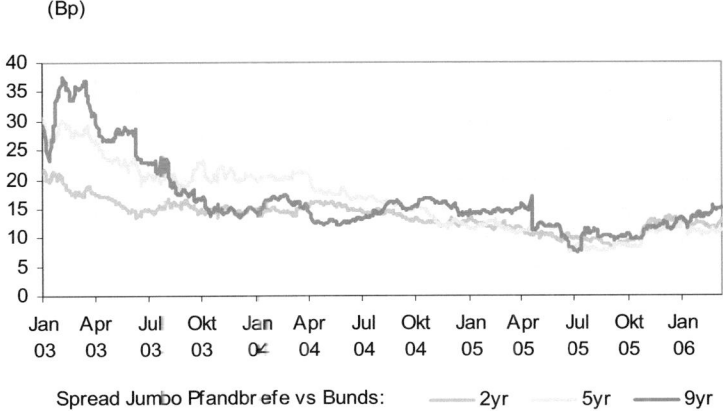

Bp: Basispunkte

Quelle: Kullig, Sascha / Winkler, Bodo: Der Pfandbriefmarkt 2004/2005. In: vdp (Hrsg.): Der Pfandbrief. 10. Auflage, Berlin 2005, S. 8. Quelle: DrKW.

Abbildung 5: Durchschnittliche Anteile am Jumbo-Absatz nach Investortyp und Tendenz der letzten zwei Jahre

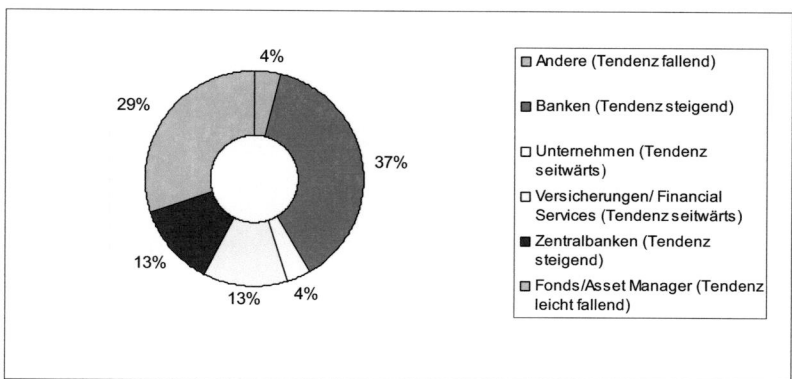

Entnommen aus: Packmohr, Ted: Wer kauft Pfandbriefe? Zur Investorenkultur am Covered-Bond-Markt. In: vdp (Hrsg.): Der Pfandbrief. 10. Auflage, Berlin 2005, S. 46. Quelle: DrKW.

Abbildung 6: Marktanteile am europäischen Covered Bond-Markt in Mrd. €/ in Marktanteil in Prozent (Stand: Dezember 2004)

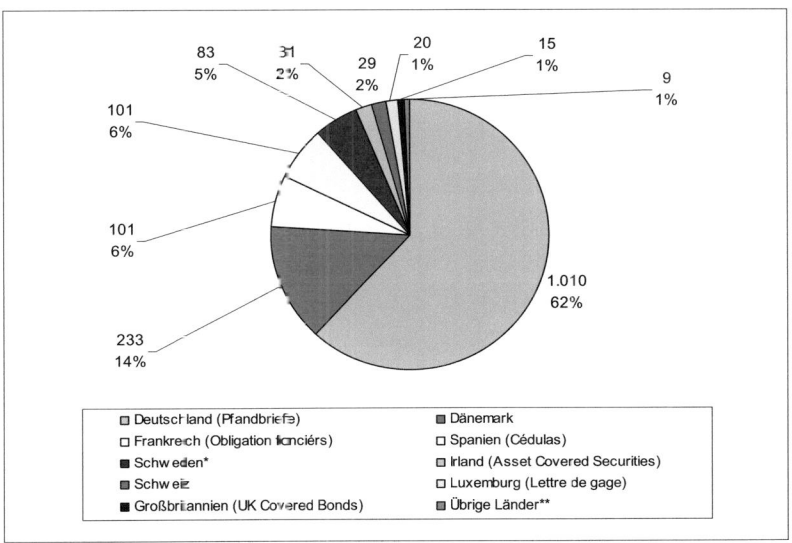

* bei Unterstellung der Umwandlung ausstehender Anleihen in Covered Bonds

** Ungarn, Österreich, Polen, Niederlande, Finnland, Litauen

Entnommen aus: Hagen, Louis: Das erste halbe Jahr des European Coverd Bond Council. In: vdp (Hrsg.): Der Pfandbrief. 10. Auflage, Berlin 2005, S. 37. Quelle: Europäischer Hypothekenverband.

Abbildung 7: Marktanteile in Prozent am europäischen Jumbo-Covered-Bond-Markt

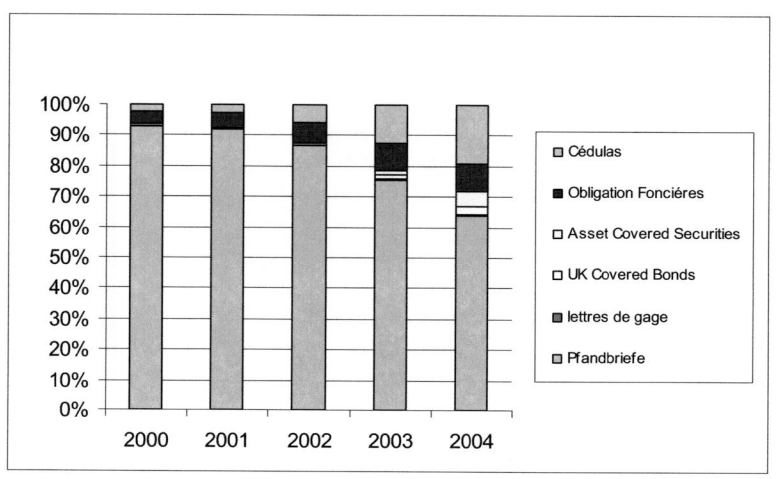

Quelle: VDH: Jahresbericht 2004, S. 19.

Abbildung 8: Refinanzierung der Sparkassen zu Zeiten des ÖPG (bisher) und das Modell des Deckungspooling (neu):

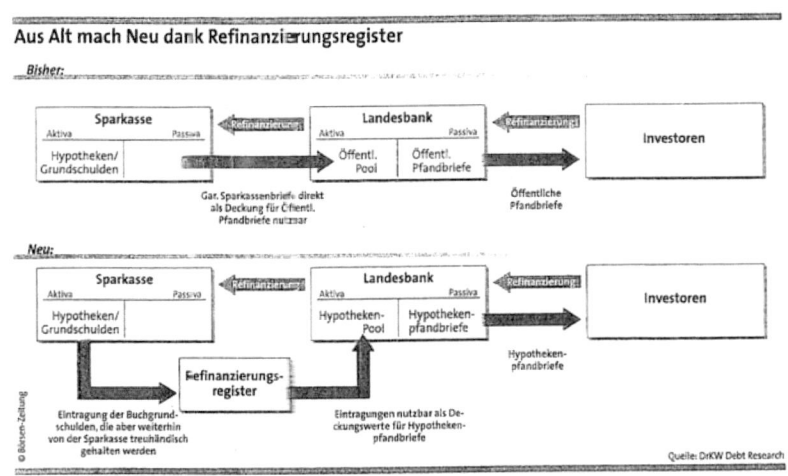

Entnommen aus: Packmohr, Ted: Renaissance des Hypothekenpfandbriefs auf breiter Front? In: Börsen-Zeitung vom 25.02.2006, B7. Quelle: DrKW Debt Research.

Tabelle 1: Risikogewichtung von Covered-Bonds im KSA

Option 1						
Bonitätsbeurteilung des Staates	AAA bis AA-	A+ bis A-	BBB+ bis BBB-	BB+ bis B-	Unter B-	Ohne Rating
Risikogewicht des Staates	0%	20%	50%	100%	150%	100%
Risikogewicht der Bank (Option 1)	20%	50%	100%	100%	150%	100%
Risikogewicht des Covered Bond	10%	20%	50%	50%	100%	50%

Option 2						
Bonitätsbeurteilung der Bank	AAA bis AA-	A+ bis A-	BBB+ bis BBB-	BB+ bis B-	Unter B-	Ohne Rating
Risikogewicht der Bank (Option 2)	20%	50%	50%	100%	150%	50%
Risikogewicht des Covered- Bond	10%	20%	20%	50%	100%	20%

Entnommen aus: Marburger, Christian: Die künftige Eigenkapitalgewichtung von Pfandbriefen in Europa. In: VDH (Hrsg.): Der Pfandbrief. 9. Auflage, Berlin 2004, S. 24. Quelle: Basel II - Ein überarbeitetes Rahmenwerk, EU-Richtlinienentwurf CAD III.

Tabelle 2: Zusammenhang zwischen Bonitätsbeurteilung und KSA-Risikogewicht:

Rating nach S&P für KSA- Forderungsklasse	AAA bis AA-	A+ bis A-	BBB+ bis BBB-	BB+ bis BB-	B+ bis B-	Unter B-	Ohne Rating
Zentralregierungen	0%	20%	50%	100%	100%	150%	100%

Quelle: Anhang zur SolvV vom 31.03.2006, Tabelle 3 zu § 26.

	Deutschland			Frankreich	Luxemburg	Spanien	Irland	Großbritannien
Rechtsgrundlage	alt: HBG (01.01.1900-18.07.2005)	alt: ÖPG (21.12.1927-18.07.2005)	neu: Pfandbriefgesetz seit 19.07.2005	Gesetz vom 25. Juni 1999, erweitert 2001	Gesetz vom 21. November 1997, erweitert 2001	Gesetz vom 25.03.1981 (CH) und vom 22.11.2002 (CT)	Asset Cover Securities Act vom 18.12.2001	keine gesetzliche Grundlage; Emission auf vertraglicher Basis
Name des Refinanzierungsinstruments	Hypotheken- und Öffentliche Pfandbriefe	s. HBG	Hypotheken-, Schiffs- und Öffentliche Pfandbriefe	Obligations Foncières (OF)	lettres de gage hypothécaire / publique	Cédulas Hipotecarias (CH); Cédulas Territoriales (CT)	Mortgage and public asset covered securities (ACS)	UK Covered Bonds
Spezialbankprinzip	ja; reine und gemischte Hypothekenbanken	nein	nein; jede Bank kann eine Lizenz, je nach Art der Pfandbriefe, zur Emission bei der BaFin beantragen	ja; nur Sociétés de Crédit Foncier (SCF)	ja; nur Banques d'émission de Lettres de Gage	nein; jede spanische Bank mit zulässigen Vermögenswerten darf CT und CH emittieren	ja; Designated Credit Institution (DCI)	nein
Beschränkung der Geschäftstätigkeiten	ja; nur Hypothekar- und Staatskreditgeschäft sowie einige Zusatzaktivitäten; gemischte Hypothekenbanken unterliegen diesen Beschränkungen nicht	nein	nein	ja; nur Staatskredit- und Hypothekarkreditgeschäft; Kredite mit Garantien	ja; Staats- und Hypothekarkreditgeschäft sowie weitere Zusatzleistungen	nein	ja; Hypothekarkredit- und Staatskreditgeschäft	nein
Durch Pfandbriefe refinanzierbar	Hypothekar- und Staatskredite	s. HBG	Hypothekar-, Staats- und Schiffskredite (bisher SchBG)	Hypothekar-, Staatskredite, durch Banken oder Versicherungen garantierte Darlehen; erstklassige Tranchen von MBS	Hypothekar- und Staatskredite; *Besonderheit:* Deckungsfähigkeit von Forderungen an Gebietskörperschaften ist unabhängig von Anstaltslast und Gewährträgerhaftung	Hypothekar- und Staatskredite		abhängig von Vertragskonstruktion
Bilanzieller Status der Vermögenswerte	Deckungsaktiva bleiben auf der Bilanz, werden aber in separierten Registern geführt	s. HBG	kein Unterschied zum HBG	Transfer der Deckungsaktiva auf die SCF, die ihrerseits voll in die Bilanz der Muttergesellschaft konsolidiert ist	Deckungsaktiva bleiben auf der Bilanz, werden aber in separierten Registern geführt	Deckungsaktiva bleiben auf der Bilanz; es gibt kein spezielles Register	Transfer der Deckungsaktiva zur DCI, die getrennte Deckungsregister führt	Transfer der Deckungsaktiva zur Limited Liability Partnership (LLP); Emittent ist Volleigentümer, Vermögenswerte bleiben auf Bilanz

	Deutschland			Frankreich	Luxemburg	Spanien	Irland	Großbritannien
Deckungsregister	ja	s. HBG	kein Unterschied zum HBG; geregelt durch Deckungsregisterverordnung	nein, da Deckungswerte auf SCF übertragen	ja	nein	ja; DCI führt getrennte Deckungsregister für Hypotheken- und Staatskredite	nein
Einbeziehung von Hedgepositionen in den Deckungsstock	ja, aber Derivateinsatz auf 12% des Deckungsstockwertes begrenzt; Berechnung auf Grundlage des Barwertes	s. HBG	kein Unterschied zum HBG	ja	ja	nicht anwendbar, da kein separates Deckungsregister	ja; Hedgepositionen müssen im "cover asset hedge contract register" dokumentiert werden	ja
Ersatzdeckung	10%	bis zu 20% (mit Beschränkung bezüglich der Kreditverwendung)	Die Grenze beträgt 12% und berücksichtigt die sichere Überdeckung von 2%; Begriff der Ersatzdeckung wird durch Begriff "weitere Überdeckung" ersetzt; Deckungswert weitgehende Übereinstimmung der Liste der ersatzdeckungsfähigen Titel zum alten HBG, ÖPG; neu: 20% bei Hypothekenpfandbriefen; 10% bei Öffentlichen Pfandbriefen	ja; bis zu 20% (30% bei aufsichtlicher Genehmigung)	bis zu 20%	nicht anwendbar, da kein separates Deckungsregister	bis zu 20%	bis zu 10%
Vorgeschriebene Überdeckung	2%	s. HBG	kein Unterschied zum HBG	nein	nein	11% (CT) / 43% (CH)	nein	ja, je nach Vertrag; 7,5% bis 10%
Überdeckung ist insolvenzfest	ja	s. HBG	kein Unterschied zum HBG	ja (bei freiwilliger Überdeckung)	nein	ja	ja (bei freiwilliger Überdeckung)	ja
Beleihungsgrenze für Wohnungsbaukredite	60% des Beleihungswertes	keine im Gesetz vorgeschriebene Beleihungsgrenze	kein Unterschied zum HBG	60%-80% des Beleihungswertes; über 60% nur durch ungedeckte Schuldverschreibungen refinanzierbar	60%	80% des Marktwertes	75%	je nach vertraglicher Vereinbarung

	Deutschland	Frankreich	Luxemburg	Spanien	Irland	Großbritannien
Beleihungsgrenze für Gewerbekredite	60% des Beleihungswertes keine im Gesetz vorgeschriebene Beleihungsgrenze	60% des Beleihungswertes kein Unterschied zum HBG	60%	70% des Marktwertes	60%	bisher noch nicht zulässig
Nachrangrenze	20% des Hypothekenbestandes	nein	nein	nein	10%	nein
Beleihungswert	beleihungswert als Bewertungsgrundlage; ermittelt aufgrund bankinterner Vorschriften, die durch die Aufsichtsbehörde genehmigt werden keine Beleihungswertvorschrift im Gesetz, Wertermittlung beruhen auf bankinternen Verfahren	ja Beleihungswert als Bewertungsgrundlage für alle Pfandbriefbanken; wird geregelt durch Beleihungswertverordnung	ja	nein: Marktwert ist Bewertungsgrundlage	ja	nein, indexierter Marktwert
Limit für Deckungsstockfähigkeit von Gewerbeimmobilien	nein	nein kein Unterschied zum HBG	nein	nein	ja: Gewerbeimmobilien bis max. 10% des Deckungsstocks	bisher nur erstrangige Wohnimmobilienkredite
Geografische Beschränkung des Geschäftsgebietes für öffentliche Kredite	Zentralregierungen, Regionalregierungen und Gebietskörperschaften im EWR, Schweiz, Kanada, Japan mit einer Risikogewichtung von maximal 20%; Beschränkung der Kredite in Ländern ohne Insolvenzvorrecht auf 10% der Deckungsmasse s. HBG: die Kreditbeschränkung auf 10% der Deckungsmasse in den Ländern ohne Insolvenzvorrecht wird für die EU hinfällig	Zentral- und Regionalregierungen, Gebietskörperschaften in der EU, der Schweiz, der USA, Kanada und Japan	Kreditgeschäft in allen OECD-Ländern erlaubt	Staatskredite in allen Ländern, aber öffentliches Kreditgeschäft an Zentral-, Regionalregierungen sowie Gebietskörperschaften ist nur in der EU deckungsfähig	Zentral-, Regionalregierungen und Gebietskörperschaften in der EU; bis 15 % im Deckungsstock Kredite in USA, Schweiz, Japan und Kanada; andere OECD-Länder nur Außerdeckungsgeschäft (max. 10% der Deckungsmasse)	abhängig von vertraglicher Vereinbarung

	Deutschland			Frankreich	Luxemburg	Spanien	Irland	Großbritannien
Geografische Beschränkung des Geschäftsgebietes für Hypothekenkredite	EWR und Schweiz (Risikogewichtung max. 20%); in der USA, Kanada (auf 5-fache des EK beschränkt) und Japan (auf 3-fache des EK beschränkt) nur Außerdeckungsgeschäft: Beschränkung der Kredite in Ländern ohne Insolvenzvorrecht auf 10% der Deckungsmasse	EWR und Schweiz (Risikogewichtung max. 20%); in der USA, Kanada und Japan ohne Beschränkungen; Beschränkung der Kredite in Ländern ohne Insolvenzvorrecht auf 10% der Deckungsmasse	s. HBG; Ausnahme: die Kreditbeschränkung auf 10% der Deckungsmasse in den Ländern ohne Insolvenzvorrecht wird für EU, Kanada und Japan aufgehoben; hinfällig Kredite in der USA, Kanada und Japan sind ohne Beschränkung deckungsfähig	EU, Schweiz, USA, Kanada, Japan	Kreditgeschäft in alle OECD-Ländern erlaubt	EU; bis zu 15% der Deckungsmasse in der USA, Schweiz, Japan und Kanada; in anderen OECD-Ländern nur Außendeckungsgeschäft (max. 10% der Deckungsmasse)	Kreditgeschäft in allen Ländern, aber nur spanische Hypothekarkredite als Deckungswerte zulässig	abhängig von vertraglicher Vereinbarung
Umlaufgrenze	Pfandbriefumlauf auf 60-fache des haftenden EK beschränkt	nein	nein	nein	60-fache des regulatorischen Kapitals	nein	50-fache des regulatorischen Kapitals für public ACS	nein
Besonderer Aufsichtsinstanz	Bafin und unabhängiger Treuhänder	Bafin und unabhängiger Treuhänder (erst seit April 2004)	Bafin und unabhängiger Treuhänder; Rolle der Aufsicht wurde gestärkt	Commission Bancaire (CB) und Sonderausscher	Commission de Surveillance du Secteur Financier (CSSF) und unabhängiger Treuhänder	Banco de España	Central Bank of Ireland und Sonderausscher ('cover asset monitor')	Financial Services Authority (FSA) und unabhängiger Treuhänder
Deckungsprüfungen	alle 2-3 Jahre nur bei Hypothekenbanken	keine Deckungsprüfungen durch die Aufsichtsbehörde	Deckungsprüfungen bei allen Pfandbriefbanken; Prüfungsturnus 2 Jahre	jährlich durch Aufsichtsbehörde	ja, regelmäßige Prüfungen der Aufsichtsbehörde	ja, regelmäßige Prüfungen der Aufsichtsbehörde	ja, regelmäßige Prüfungen der Aufsichtsbehörde sowie durch Sonderausscher	Indexierung mit Immobilienpreisindex
Treuhänder	ja	nein	kein Unterschied zum HBG; neu: Qualifikations-Vermutung bei Wirtschafts-/Buchprüfern	ja	ja	nein	ja	ja
Vorkehrung gegen Mismatching	nominale und barwertige Deckung sind gesetzlich vorgeschrieben; Agreement zum "Ampel-Modell" zur Begrenzung der Marktrisiken; Barwertverordnung	s. HBG	nominale und barwertige Deckung sind gesetzlich vorgeschrieben; Ampel-Modell nicht mehr anwendbar; Barwertverordnung	nicht verpflichtend, Sonderausscher muss unangemessene Markt- und Liquiditätsrisiken melden	nominale und barwertige Deckung fest im Gesetz vorgeschrieben	nominale Deckung	nominale und barwertige Deckung keine Währungsrisiken zulässig; Vorschriften für Duration	Absicherung adäquater Cash-Flows durch verschiedene Maßnahmen je nach Emittent; "asset coverage test" festgeschrieben

	Deutschland			Frankreich	Luxemburg	Spanien	Irland	Großbritannien
Risikomanagement	implizit im Rahmen der Vorkehrungen gegen Mismatching	s. HBG	explizit im Gesetz vorgeschrieben und eine notwendige Bedingung für die Pfandbrieflizenz	keine Angabe (k.A.)	k. A.	k. A.	k. A.	k. A.
Transparenz	Jährliche Informationen der Pfandbriefgläubiger über Deckungsmassen nach Gattungen im Jahresabschluss	keine Veröffentlichungspflichten	umfangreiche Erweiterung der zu veröffentlichenden Angaben sowie quartalsweise Berichterstattung	keine Angabe (k.A.)	k. A.	k. A.	k. A.	k. A.
Insolvenzvorrecht der Pfandbriefgläubiger	ja	s. HBG	kein Unterschied zum HBG	ja	ja	ja	ja	abhängig von vertraglicher Vereinbarung
Schutz vor Insolvenz des Emittenten	ja. Deckungspool fällt nicht in die Insolvenzmasse	s. HBG	kein Unterschied zum HBG	nein, aber rechtlich selbständiger Status der SCF schützt vor Insolvenz der Mutter	ja: Deckungsmasse ist vor Insolvenzverfahren geschützt	nein	nein, aber rechtlich selbständiger Status der DCI schützt vor Insolvenz der Mutter	Insolvenzfestigkeit der Deckungswerte durch vertragliche Regelung
Bei Insolvenz besteht ein Anspruch ein erstrangiger Anspruch auf	sämtliche im Deckungsregister eingetragene Aktiva; ausserdem bestehen Ansprüche aus Derivateverträgen; gleichzeitig besteht ein zu anderen Kreditgebern gleichrangiger Anspruch gegen die Bank	s. HBG	kein Unterschied zum HBG	alle Vermögenswerte der SCF; zusätzlich Ansprüche aus Derivateverträgen	sämtliche im Deckungsregister eingetragene Aktiva; ausserdem bestehen Ansprüche aus Derivateverträgen	alle Hypothekenforderungen (CT); alle Forderungen aus Staatskrediten (CH); erst seit September 2004 sind CT-Investoren gleichberechtigt gegenüber CH-Investoren	sämtliche im Deckungsregister eingetragene Aktiva; ausserdem bestehen Ansprüche aus Derivateverträgen	abhängig von vertraglicher Vereinbarung
Verwaltung des Deckungsstocks im Fall der Insolvenz	Sachwalter	s. HBG	kein Unterschied zum HBG	Insolvenzverwalter	Sachwalter	Insolvenzverwalter	Sachwalter	Insolvenzverwalter
Systemrelevanz der Emittenten für das Bankensystem	nein	Landesbanken als Pfandbriefemittenten als systemrelevant	abhängig vom Emittenten; große Universalbanken als Pfandbriefemittenten haben Systemrelevanz	einige Muttergesellschaften von SCF sind systemrelevant	nein	ja, die meisten Emittenten sind systemrelevant	ja, zwei ACS-Emittenten (BKUR und WestLB)	ja, HBOS and ABBEY sind systemrelevant

	Deutschland			Frankreich	Luxemburg	Spanien	Irland	Großbritannien
Risikogewichtung nach CRD	10%	s. HRG	kein Unterschied zum HRG	10%	10%	10%	10%	20%; da die Anforderungen des Art. 22 Abs. 4 OGAW nicht erfüllt werden
Art. 22 Abs.4 OGAW-Richtlinie erfüllt?	ja	s. HRG	kein Unterschied zum HRG	ja	ja	ja	ja	nein, aber FSA bereitet Regelungsrahmen vor, der die Anforderungen erfüllen wird